KB205373

Revelation's Secrets

요한계시록이 쉽다

Revelation's Secrets

daniel cho
다니엘조

이 책을 읽는 모든 분들에게 우리 주 예수 그리스도의 은혜와 하나님 아버지의 사랑이 함께 하기를 축복합니다.

나는 이 책의 저자로서 머릿말을 통하여 독자들에게 이 책이 출판된 배경과 동기를 알리고 아울러 저자인 내가 어떠한 사람인지를 판단하는데 도움을 주려고 합니다.

나는 기도와 가르치고 복음 전하는 것이 삶의 전부인 주의 종입니다. 교회를 개척하여 목회를 할 때에는 매일 성경을 가르쳤습니다. 말씀을 가르치는 것이 나의 사역의 핵심이었습니다.

2015년에는 주님께서 교회 목회를 마치게 하고 나를 예루살렘에서 가르치고 복음 전하는 길로 인도하였습니다. 주님께서 나를 이스라엘의 예루살렘으로 보낸 이유는 주님께서 그 곳에 복음 전할 문을 가장 넓게 열어 놓았기 때문입니다. 예루살렘으로 오기 전 2년 동안 이스라엘을 축복하는 기도를 매일 하도록 감동을 주어 그대로 해왔습니다. 그런 후에 나를 예루살렘으로 보낸 것입니다.

이스라엘에서 유대인과 세계 각국에서 방문 온 많은 사람들에게 복음을 전하고 성경을 가르치는 동안에 예수를 영접한 사람들도 있고 신앙생활을 새롭게 하기로 결심한 사람들도 있었습니다. 매일 성경을 한 시간 이상씩 읽어야 겠다고 결심한 사람도 있고 하루에 기도를 십 분 하던 사람이 나의 권면을 듣고 하루 만에 매일 두 시간씩 기도하는 사람으로 변하기도 하였습니다. 자신의 과거 신앙 생활을 회개하며 다시 예수를 영접하도록 인도해달라는 사람도 있었습니다. 본국으로 돌아가면 성경을 읽겠다고 약속한 사람들은 많았습니다. 그들의 모국어로 된 성경을 구하여 선물도 하였습니다.

내가 이스라엘에서 가르치고 복음을 전한 경험들 중에 특별한 이야기 두 가지만 소개를 하겠습니다. 이 자매의 이름은 이바네트인데 미국의 플로리다에 거주하는 50대 초반의 크리스천입니다. 2주일 정도 이스라엘에 여행을 왔는데 나와 같은 호스텔에 묵고 있었습니다. 서로 인사를 하며 믿음의 교제를 하였는데 교제 중간에 이 자매가 나에게 성경을 배우고 싶다고 제안을 하였습니다. 이 자매는 삼사 일 후면 미국으로 돌아갈 예정이었습니다. 그런데 두 차례 정도 성경을 배우면서 이 자매는 성령의 감동을 받았다며 내가 가르치는 성경 과정 전체를 배우고 싶다고 하였습니다.

그리하여 이 자매는 출국 일정을 연기하고 30일 동안 하루도 건너지 않고 매일 두 시간 이상씩 나에게 성경을 배웠습니다. 호스텔의 휴게실에서 주로 가르치고 게스트 하우스의 식탁에서도 가르쳤습니다. 이 자매는 60시간 정도 걸리는 성경공부 과정을 모두 마쳤습니다. 진리의 기초부터 단단한 것까지 모두 주제별로 배웠고 요한계시록 강해도 상세하게 들었습니다. 그런 후 미국으로 떠났습니다.

또한 이 과정에 두 사람의 영국인도 성경공부에 합류를 하였고 이 영국인들은 어떤 인도 사람을 성경공부에 데려오기도 하였습니다. 이들은 모두 이스라엘에 여행 온 크리스천들입니다. 이 영국인들과 인도인은 그 호스텔에 단기로 투숙한 사람들인데 낮에 관광을 마치고 저녁에 성경을 배운 것입니다. 관광 온 사람들이 호스텔 휴게실에서 성경을 배운다는 것은 쉽게 상상이 가는 일은 아닐 것입니다. 그러나 성령께서는 대상이나 장소와 관계없이 나에게 성경을 가르치고 복음을 전하는 문을 지속적으로 크게 열어주었습니다.

또 다른 한 가지의 이야기를 소개하겠습니다. 첫 이스라엘 방문 후 출국하려고 공항 휴게실에서 대기를 하면서 한 젊은 유대인 여자와 같은 테이블에 앉게 되었습니다. 이 사람은 공항 직원이었습니다. 인사를 하며 이름을 서로 말하였습니다. 이 자매의 이름이 엘리사벳이었습니다. 그래서 그 자매에게 엘리사벳이 성경에 나오는 인물인 줄을 아느냐고 물었습니다. 성경의 인물인 줄을 안다고 대답을 하였습니다. 그래서 누구인 줄 아느냐고 물었더니 모른다고 하였습니다.

엘리사벳이 세례 요한의 어머니인데 세례 요한이 누구인 줄은 아느냐고 물었더니 모른다고 답하는 것이었습니다. 그래서 세례 요한에 대하여 간단하게 설명하고 성경을 꺼내어 엘리사벳을 보여주었습니다. 그런 후 내가 목사이고 성경교사인데 이스라엘에 예수 그리스도의 복음을 전하러 왔다가 비자 기간이 나 되어 떠나는 길인데 곧 다시 이스라엘로 돌아 올것이라고 소개를 하였습니다.

이 자매의 부모는 정통 유대교 신자인데 자신은 부모처럼 골수 유대교 신자는 아니라고 하였습니다. 서로 간단히 소개를 한 후에 복음을 전하기 시작했습니다. 예수께서 우리의 죄 때문에 십자가에서 죽은 것과 예수께서 하나님의 아들인 것과 왜 예수를 믿어야 구원을 받을 수 있는지 등에 대하여 설명을 하였습니다. 매우 진지하게 듣고 있었습니다. 그리고 창세기 1장 1절에 예수가 있다고 말을 하였습니다. 무슨 뜻이냐고 나에게 물었습니다.

창세기 1장 1절은 히브리어로 엘로힘이 천지를 창조하였다고 쓰여있는데 엘로힘은 하나님들이라는 의미라는 것을 알지 않느냐고 물었습니다. 즉 아버지 하나님과 아들 하나님인 예수가 함께 천지를 창조하였으므로 엘로힘이라고 복수로 표현한 것이라고 설명을 하였더니 놀라면서 공감을 하는 듯이 보였습니다. 그리고 창세기 1장 2절에 하나님의 영이 수면 위를 운행한다는 구절을 보여주며 창세기가 성부, 성자, 성령이 천지를 지은 것으로 시작하고 있으며 그래서 삼위일체 하나님이라고 부른다고 설명을 해 주었습니다.

이 자매는 신약 성경은 삼십 퍼센트 정도는 틀리지 않느냐고 물었습니다. 그래서 신약성경은 모두 구약성경의 가르침에서 온 것이므로 신약이 틀렸다면 구약도 틀린 것이라고 말해주었습니다. 신약도 구약도 모두 진리이며 계명도 지키고 예수도 믿어야 한다고 설명했습니다. 이어서 성경이 가르치는 중요한 두 가지에 대하여 이야기 해 주었습니다. 그 중 하나는 이 세상에서 바르게 사는 법이고 다른 하나는 천국에 들어가는 법인데 그것은 오직 성경만이 가르치며 그 성경은 구약과 신약을 모두 포함하는 것이라고 설명하였습니다. 그 외에도 나눈 내용들이 더 있는데 모두 소개하지는 않겠습니다.

이러한 대화를 하는 중에 이 자매가 지금까지 내가 한 이야기들이 자기에게 너무 인상적이고 특별하게 들린다며 다시 그대로 이야기를 해달라고 요청을 하는 것이었습니다. 내가 한 이야기를 비디오로 찍어 자신의 페이스북 친구들과 나누고 싶다는 것이었습니다. 그래서 같은 내용을 한번 더 나누었습니다. 이야기를 끝마치며 내가 할렐루야를 외쳤더니 이 자매가 더 큰 소리로, 더 기쁜 표정으로 할렐루야를 외치는 것이었습니다.

이 자매와의 짧은 만남이 내게는 기쁨이고 놀라움이었습니다. 예수를 믿지 않는 젊은 유대인이 나와의 짧은 대화를 통하여 복음을 듣고 감동을 받아 자신이 믿을 뿐 아니라 자신의 친구들에게까지 그 메시지를 전하는 사람으로 바뀐 것입니다. 이 젊은 유대인 자매는 우물가에서 예수님을 만난 후 즉시로 예수가 메시아임을 전하기 시작한 사마리아 여인을 연상케 하였습니다.

이상으로 미국 자매 이반네트와 유대인 자매 엘리사벳 두 사람의 이야기를 나누었습니다. 내가 이 두 사람과 만난 경험을 나눈 이유는 하나님께서 행한 기적을 증언하기 위한 것입니다. 미국으로 곧 돌아갈 예정인 여행객이 성경을 배우려고 한 달을 더 머무를 생각을 할 수 있겠습니까? 예수를 미워하는 유대인이 불과 반 시간 만에 예수를 믿고 예수를 증거하는 전도자로 바뀔 수 있겠습니까? 이것은 가르치고 복음을 전하는 자를 통하여 일으킨 하나님의 기적인 것입니다.

나는 몇 년 전부터 예수 그리스도의 복음을 전할 때에 주님께서 곧 온다는 메시지를 함께 전할 것에 대한 감동을 크게 받았습니다. 그때 받은 감동이 너무 강해 그 후로는 복음을 전할 때 주님께서 곧 온다는 말씀을 함께 전하고 있습니다. 나의 설교에도 휴거와 주님의 재림과 마지막 심판에 대한 말씀을 많이 주었습니다. 특별히 요한계시록을 상세하게 풀어가며 마지막 때를 가르치게 하였으며 휴거와 환난의 때를 준비하게 하였습니다.

이 책은 이러한 설교와 가르침을 종합한 것인데 성령의 감동으로 쓰게 되었습니다. 이 책의 독자분들은 이 책에서 풀어 놓은 많은 계시와 비밀들로 인하여 놀랄 것이며 이러한 책의 출판이 두 자매에게 가르치고 복음을 전한 일 처럼 또 다른 하나님의 기적인 것을 깨달을 것입니다. 동시에 마지막 때를 살아가는 모든 사람들에게 구원의 지혜를 더하는 영적이면서 동시에 실용적인 책이라는 감동을 받을 것입니다. 이 책을 주신 하나님께 감사와 영광을 돌리며 머릿말을 마칩니다.

．
．
．

예수께서 이르시되
내가 곧 길이요

·
·
·
진리요

生命이니
나로 말미암지 않고는
아버지께로 올 자가 없느니라

요한복음 14:6

Revelation's
Secrets

I
요한계시록의 숲을 보라

01
아이들도 이해하는 요한계시록

이 책은 요한계시록을 강해하는 것이 목적이 아닙니다. 이 책은 누구든지 요한계시록을 읽고 스스로 깨달을 수 있는 방법을 제시하는 책입니다. 계시록은 성경의 가장 뒤에 있는데 가장 뒤에 있는 이유는 마지막 때에 대한 예언이라서 그렇기도 하지만 가장 어렵기 때문에 가장 뒤에 있다고도 할 수 있습니다. 이것은 마치 수학 교과서의 가장 어려운 부분이 가장 뒤에 위치하는 것과도 같은 원리입니다. 수학 교과서의 가장 어려운 뒷 부분을 이해하려면 앞 부분의 수학을 모두 잘 알아야 하듯이 요한계시록을 바르게 이해하려면 앞 부분의 성경을 모두 잘 알아야 합니다.

예를 들어 수학의 일차방정식을 못 푸는 사람이 고등 수학인 미적분을 풀수는 없을 것입니다. 같은 원리가 요한계시록을 공부할 때에도 적용됩니다. 요한계시록 앞 부분에 기록된 성경, 즉 구약을 포함한 성경의 모든 부분에 대한 상당한 지식과 이해가 없이는 요한계시록을 바르게 이해할 수 없습니다. 모든 성경에 대한 종합적인 진리의 체계가 서 있을 때 요한계시록을 다른 성경 구절을 통하여 해석할 수 있습니다. 성경이 성경을 해석한다는 진리를 특별히 요한계시록을 해석할 때 그 진수를 맞보게 됩니다.

사도 바울은 디모데에게 "네가 어려서 부터 성경을 알았나니" 라고 말하였습니다. 이 말씀에는 성경은 어린이들도 이해할 수 있도록 쉽게 쓰여져 있다는 의미가 있습니다. 그렇다면 이 말씀이 요한계시록이 어렵다고 정의한 조금 전의 말씀과 상치되는 것이겠습니까? 그렇지 않습니다. 요한계시록이 어렵기는 하지만 체계적으로 잘 배우면 쉽다는 의미입니다. 즉 아이들도 공부하는 법만 잘 숙지하면 요한계시록을 이해할 수 있다는 것이며 믿음의 초보들에게도 어렵지 않다는 것입니다.

이책의 목적이 바로 이것입니다. 언어와 문자를 깨우치기만 하면 초등학생도, 성경을 잘 모르는 사람도 요한계시록을 쉽게 이해할 수 있도록 도우려는 것입니다. 이 책을 끝까지 읽고 그대로 적용하기만 하면 어른이나 아이들이나 모두 그러한 신비로운 경험을 할 수 있는데 이것은 마치 어려운 수학 문제라도 공식을 알면 쉽게 풀리는 것과 같은 원리입니다.

02
혼자서 배울 수 있다

요한계시록을 바르게 이해하기 위하여는 몇 가지 대 전제가 흔들리지 않아야 합니다. 이것이 바르게 정립되지 않으면 모든 해석은 꼬리를 물며 틀리게 진행될 수 밖에 없습니다. 이것은 마치 첫 번째 단추를 잘못 끼우면 계속적으로 단추를 잘못 끼우게 되며 옷 모양은 찌그러질 수 밖에 없는 것과 같은 원리입니다. 또한 이 대 전제들을 무시하고 해석을 하면 틀린 해석이 계속 틀린 해석을 낳게 되는데 이것은 마치 한번 거짓말을 하면 그 거짓말이 드러나지 않도록 계속 다른 거짓말을 해야 하는 원리와 같은 것입니다.

그리하여 요한계시록 강해는 잘못된 해석들이 도미노 현상을 일으키며 종합 거짓말 세트가 되어버릴 수도 있는 것입니다. 그러나 중요한 몇 가지 대 전제만 확고히 붙잡으면 이러한 잘못된 참고서들을 볼 필요가 없고 특별한 선생도 필요없이 혼자서 성경을 읽으며 별로 어렵지 않게 요한계시록을 공부할 수 있습니다.

03
흔들리지 않는 첫째 반석

요한계시록을 읽을 때의 중요한 전제 중의 하나는 요한계시록은 발생 순서대로 기록되었다는 사실입니다. 요한계시록을 처음부터 끝까지 단숨에 한 번 읽기만 하여도 이것은 쉽게 이해가 됩니다. 이야기가 무리 없이 연결되며 처음과 끝도 분명하게 되어있습니다.

이러한 사실 외에도 요한계시록이 사건 순서대로 기록되었다는 증거들이 더 있습니다. 우선 재앙의 종류를 첫째 인, 둘째 인, 첫째 나팔, 둘째 나팔로 표기했다는 사실입니다. 1번 인, 2번 인이나 나팔 하나, 나팔 둘로 표현하지 않았습니다. 즉 재앙의 종류를 순서를 뜻하는 서수로 기록하였다는 사실도 요한계시록의 사건들이 발생 순서대로 기록된 것을 증거하는 것입니다.

또한 NIV 영어 성경에는 "이 일후에" 또는 "그런 후에"라는 의미의 "After this"와 "Then"이라는 단어가 상당히 많이 나옵니다. 한글 성경에는 "Then"이라는 단어를 거의 해석하지 않음으로 "이 일 후에"라는 표현이 다섯 번밖에 나오지 않지만 영어 성경에는 "그런 후에"라는 의미의 단어가 무려 37번이나 표현되어 있습니다. 이러한 사실도 요한계시록이 사건 발생 순서대로 기록되었다는 것을 증거하는 것입니다.

하나님께서는 인간들이 환난 중에도 믿음을 지켜 구원받기를 원합니다. 환난 가운데도 살길을 열어 주기를 원할 것입니다. 그렇다면 어떠한 재앙이 닥치는 지를 알게 하고 거기에 대비할 수 있는 지혜를 줄 것입니다. 환난 발생이 순서대로 기록되어 있다면 인간들이 재앙을 적절히 대비하는 것이 쉬울 것입니다. 예를 들어 보겠습니다. 둘째 나팔을 불 때 바다의 삼분의 일이 피가 되는 재앙이 발생하고 그 후 셋째 나팔을 불 때 물에 독이 들어가 많은 사람들이 그 물을 마시고 죽습니다.

사건이 순서대로 발생한 것을 깨닫는 사람들은 바다의 삼분의 일이 피로 변하는 심판을 접했을 때 다음에는 물에 독이 들어가는 심판인 것을 알고 미리 준비하여 죽음을 피할 수 있을 것입니다. 그러나 순서대로 사건이 발생하지 않는다면 환난 가운데 인간들이 어떻게 잘 대비를 할지 혼란스러울 것입니다. 하나님께서는 환난 중에도 인간들이 잘 대처하여 구원받게 하기 위하여라도 요한계시록을 발생 순서대로 기록하였을 것이 분명한 것입니다. 그러므로 요한계시록이 연대순으로 기록되었다는 전제는 요한계시록의 집을 지을 수 있는 흔들리지 않는 반석이라 할 수 있습니다.

04
견고한 둘째 반석

요한계시록은 문자 그대로 해석을 하여야 합니다. 더 정확하게 표현하면 요한계시록의 대부분은 해석이 필요없습니다. 예를 들어 열두 지파 십사만 사천명이 인침을 받았다고 말씀하면 그대로 이해하면 되는 것입니다. 거기에는 해석이 필요없습니다. 두 증인이 3년 반 동안 예언하고 입에서 불이 나온다고 하면 그대로 받으면 되는 것입니다. 다른 해석이 필요하지 않습니다. 사람 삼분의 일이 한 순간에 죽는다고 쓰여 있으면 지구의 삼분의 일이 그렇게 죽는 것입니다.

말씀을 이렇게 이해해야 하는 것은 요한계시록에만 적용되는 것이 아닙니다. 모든 성경 말씀은 문자 그대로 이해하면 됩니다. 다만 표현이 상징이나 비유가 확실한 경우에만 그 뜻을 해석하는 것입니다. 예를 들어 바리새인의 누룩을 조심하라는 말씀은 비유가 분명하다는 것을 압니다. 바리새인들이 실세로 누룩으로 사람들을 해치려 한다는 의미가 아니라는 것을 쉽게 알 수 있습니다. 그렇다면 이것은 해석을 하여 누룩은 위선과 거짓과 죄를 상징한다는 것을 깨달을 수 있는 것입니다.

요한계시록 12장은 여자가 아이를 낳고 광야로 가서 삼년 반 동안 보호받는 이야기로 구성되어 있는데 모두 상징과 비유로 되어 있습니다. 이것은 해석이 필요합니다. 또한 요한계시록에는 부분적으로 상징이 조금씩 있고 숨은 계시들도 있습니다. 그러나 이러한 부분은 상대적으로 그 비중이 작습니다. 많은 부분은 문장을 잘 읽고 관찰만 하여도 매우 놀라운 것들이 깨달아지기도 합니다. 예를 들어 요한계시록 6장 17절을 보겠습니다.

"그들의 진노의 큰 날이 이르렀으니 누가 능히 서리요 하더라"(계 6:17).

이 짧은 구절이 대환난의 시작이 어디인지 보여주고 있습니다. 이 문장에는 비유도 상징도 없고 숨겨진 비밀도 없습니다. 단지 문자 그대로 진노의 큰 날이 이르렀다는 말씀을 이해하면 됩니다. 이 말씀은 여섯째 인을 뗄 때 주어진 말씀이므로 여섯째 인을 뗄 때에 대환난이 시작된다는 사실을 알려 주는 것입니다. 첫째 인에서 다섯째 인을 떼기까지는 진노의 큰 날이 이르렀다는 언급이 없으므로 대환난이 시작된 것이 아닙니다. 성경을 문자 그대로 이해하고 잘 관찰만 함으로써 마지막 대환난이 요한계시록의 6장 12절에서 시작된다는 중요한 사실을 알 수 있게 되는 것입니다.

다시 정리하면 요한계시록을 이해하기 위한 대 전제 두 가지는 첫째로 사건이 발생 순서대로 기록되었다는 것이며 둘째로는 문자 그대로 해석해야 한다는 사실입니다. 이 두 가지 큰 전제의 반석이 흔들리면 요한계시록이라는 집을 견고하게 지을 수가 없습니다.

05
숨겨진 휴거를 찾아내라

지금까지 성경의 모든 예언이 이루어졌으며 아직 성취되지 않은 것은 휴거와 주님의 재림입니다. 주님이 공중에 오시어 자신의 거룩한 교회들을 데려가는 휴거는 인류에게 발생한 어떤 일보다도 크고 경이로운 사건이자 최고의 구원의 사건이 될 것입니다. 그렇다면 이러한 놀라운 구원의 사건인 휴거가 마지막 때에 대하여 예언하고 있는 요한계시록에 담겨져 있어야 할 것입니다. 요한계시록에서 휴거를 묘사하는 내용은 1장 7절입니다.

"볼지어다 그가 구름을 타고 오시리라 각 사람의 눈이 그를 보겠고
그를 찌른 자들도 볼 것이요 땅에 있는 모든 족속이 그로 말미암아
애곡하리니 그러하리라 아멘"(계 1:7).

이 구절은 휴거를 사실적으로 표현하고 있습니다. 각 사람의
눈이 구름 타고 오는 주님을 본다는 것은 온 인류가 주님이 오
시어 그의 거룩한 교회들을 데려가는 것을 본다는 의미입니다.
여기서 한 가지 주목할 것은 주님을 보는 사람들을 두 부류로
나누었다는 사실입니다. 그를 찌른 자들과 찌르지 않은 자들입
니다. 여기서 주님을 찌른 자들은 유대인들을 의미합니다.

즉 이 때에는 모든 인류가 그리스도가 구원주이고 심판주라
는 사실을 알게 되는데 유대인들도 포함되는 것입니다. 이 때에
모든 족속이 애곡하는 이유는 데려감을 입지 못하고 땅에 남겨
졌기 때문입니다. 그러므로 이 구절은 휴거이지 지상재림을 뜻하
는 것이 아닙니다. 왜냐하면 주님이 지상에 온다면 사람들이 기
뻐하지 슬퍼할 이유가 없기 때문입니다.

이 말씀은 요한계시록에 가장 먼저 주어진 예언의 말씀입니
다. 또한 일곱 교회에게 각기 다른 예언의 말씀이 주어졌는데 오
직 이 휴거에 대한 말씀만 일곱 교회 모두에게 공통적으로 주어
진 예언입니다. 이러한 사실을 보아도 휴거에 대한 예언이 계시

록에서 얼마나 중요하며 핵심이 되는지를 알 수 있습니다.

이처럼 요한계시록은 휴거가 반드시 있을 것을 예언하고 있지만 계시록의 어느 부분에서 발생하는지에 대하여는 직접 말씀하지 않습니다. 휴거는 요한계시록에 감추어져 있습니다. 이것을 찾아내어 아는 것이 요한계시록을 이해하는 기초 지식이 되는 것입니다.

요한계시록에서 휴거가 어디에 있는지를 발견하지 못하면 전체 이야기를 바르게 풀어나가는 것이 가능하지 않습니다. 그러므로 요한계시록의 해석은 휴거에서부터 시작하는 것이라고 말하여도 과언이 아닙니다. 요한계시록에서 휴거는 6장 11절과 12절 사이에 숨어있습니다. 즉 휴거는 여섯째 인을 떼기 직전 또는 떼는 순간에 일어납니다.

06
성경으로 성경을 풀다

요한계시록 6장 12절에서 17절까지는 휴거 직후에 지구에 발생하는 일을 묘사한 것입니다. 이것은 마태복음 24장 29절에서 31절까지의 내용과 거의 같습니다. 한 가지 다른 점은 마태복음에서는 인자가 오는 것을 사람들이 보며 택한 자들을 하늘에서 모은다는 말씀이 있고 요한계시록에는 그러한 말씀이 생략되어 있는 것입니다. 즉 마태복음은 휴거의 장면을 묘사하는데 요한계시록에는 휴거 장면에 대한 묘사가 없습니다. 요한계시록 6장 12절에서 17절까지와 마태복음 24장 29절에서 31절까지를 비교하여 보겠습니다.

"내가 보니 여섯째 인을 떼실 때에 큰 지진이 나며 해가 검은 털로 짠 상복 같이 검어지고 달은 온통 피 같이 되며" "하늘의 별들이 무화과나무가 대풍에 흔들려 설익은 열매가 떨어지는 것 같이 땅에 떨어지며" "하늘은 두루마리가 말리는 것 같이 떠나가고 각 산과 섬이 제 자리에서 옮겨지매" "땅의 임금들과 왕족들과 장군들과 부자들과 모든 종과 자유인이 굴과 산들의 바위 틈에 숨어" 산들과 바위에게 말하되 우리 위에 떨어져 보좌에 앉으신 이의 얼굴에서와 그 어린 양의 진노에서 우리를 가리라" "그들의 진노의 큰 날이 이르렀으니 누가 능히 서리요 하더라" (계 6:12-17).

"그 날 환난 후에 즉시 해가 어두워지며 달이 빛을 내지 아니하며 별들이 하늘에서 떨어지며 하늘의 권능들이 흔들리리라" "그 때에 인자의 징조가 하늘에서 보이겠고 그 때에 땅의 모든 족속들이 통곡하며 그들이 인자가 구름을 타고 능력과 큰 영광으로 오는 것을 보리라" "그가 큰 나팔소리와 함께 천사들을 보내리니 그들이 그의 택하신 자들을 하늘 이 끝에서 저 끝까지 사방에서 모으리라" (마 24:29-31).

공통적으로 언급된 내용은 첫째, 해와 달이 어두워집니다. 둘째, 별들이 땅으로 떨어집니다. 셋째, 하늘이 흔들리며 없어지는 듯 합니다. 넷째, 모든 사람들이 통곡합니다. 계시록에는 사람들이 굴에 숨어 심판을 면하게 해달라고 애원하는데 이때에 분명히 통곡하였을 것입니다.

모든 것이 같은 내용인데 계시록에는 주님이 택한 백성들을 모아 데리고 가는 휴거의 묘사만 없습니다. 즉 요한계시록에는 휴거가 감추어져 있는 것입니다. 그런데 마태복음 24장 29절에서 31절의 말씀을 연결하여 해석할 때 감추어진 휴거를 발견할 수 있는 것입니다. 즉 휴거는 여섯째 인을 떼면서 일어나는 것이며 그 후로 즉시 대환난으로 들어가는 것입니다.

마태복음 24장 29절에서 31절까지를 지상재림으로 해석하는 것은 맞지 않습니다. 문장을 잘 보면 하늘에서 사람들을 모은다고 합니다. 지상으로 내려 오는데 사람들을 굳이 하늘에서 왜 모으겠습니까? 또한 주님이 지상으로 오는데 왜 사람들이 통곡하겠습니까? 주님이 지상으로 오면 기뻐해야 하지 않겠습니까?

모든 족속들이 통곡하는 이유는 주님이 오시어 구원받은 자들을 데리고 갔는데 데려감을 입지 못한 사람들이 땅에 남겨진 것을 깨닫고 통곡하는 것입니다. 그리고 공중에 올 때는 구름을 타고 오며 지상 재림 시에는 말을 타고 옵니다. 지상재림은 대환난이 끝나고 혼인식을 마친 직후인 요한계시록 19장 11절입니다.

마태복음 24장 29절의 첫 부분인 "그 날 환난 후에" 라는 표현을 보고 대환난 후에 휴거가 발생한다고 해석을 하는 사람도 있는데 그것은 바른 해석이 아닙니다. 여기서의 환난은 마지막 대환난을 의미하는 것이 아닙니다. 대환난 전에도 세상이 어느 정도 환난의 상태에 처해 있을 것인데 그 환난을 의미하는 것입니다. 지금의 세상이 그러한 환난 가운데 있습니다.

이상으로 살펴 본 것처럼 마태복음 24장 29절에서 31절 말씀과 요한계시록 6장 12절에서 17절 말씀의 내용이 유사한 것을 깨닫고 연결하여 풀어봄으로써 요한계시록에 감추어진 휴거를 발견할 수 있는 것입니다. 이렇게 하는 것을 성경으로 성경을 푼다고 하는 것입니다.

07
환난 기간은 칠년 육 개월

요한계시록이 발생 순서대로 기록되었다는 사실을 깨닫고 휴거가 요한계시록의 어디에서 발생하는지를 알면 환난 기간이 정확하게 7년이 아니라 7년 이상이라는 것을 쉽게 알 수 있습니다. 전반 3년 반 환난은 두 증인이 사역을 시작하는 11장 1절부터 짐승이 나오기 직전인 12장 17절까지이고 후반 3년 반 환난은 짐승이 나타나는 13장 1절부터 예수님의 지상재림 직전인 19장 10절까지 입니다. 이 두 환난 기간을 합하면 7년이 되므로 7년

대환난이라고 부르며 대환난 기간은 7년이라고 이해하는 것입니다.

그러나 전반 3년 반 환난이 시작되기 전에도 환난 기간이 있습니다. 그 환난을 편의상 "첫 6개월 환난"이라고 부르겠습니다. 이 환난은 휴거가 발생한 직후인 6장 12절에서 전반 3년 반 환난 직전인 10장 11절까지입니다. 여섯째 인부터 여섯째 나팔까지의 기간입니다. 이 기간이 다섯 달 이상이라는 것은 계시록 9장에 황충에 쏘여서 고통받는 기간이 다섯 달이라는 말씀이 두 번이나 언급되어 있는 사실을 관찰함으로 이해할 수 있습니다.

사실 황충에 쏘여 고통 받는 기간은 그리 중요한 것이 아닙니다. 그럼에도 불구하고 그 기간이 다섯 달이라고 두 번이나 쓰여 있는 것은 전반 3년 반 환난 전에 6개월의 환난 기간이 더 있다는 것을 암시하기 위한 것입니다. 이 기간이 6개월이라는 것은 절기에 대한 지식과 그로부터 오는 특별한 영감으로 깨달을 수 있습니다. 이처럼 전반 3년 반 환난 전에 6개월의 환난 기간이 더 있다면 황충의 환난 5개월을 제외한 다른 환난 기간은 1개월이라는 계산이 나옵니다. 즉 여섯째 인부터 넷째 나팔까지와 여섯째 나팔의 핵전쟁 재앙의 기간이 모두 합쳐 한 달입니다.

다시 정리하면 마지막 대환난은 첫 6개월 환난과 전반 3년 반 환난과 후반 3년 반 환난의 기간을 합하여 모두 7년 6개월입니다.

08

육 개월의 비밀

성경에는 6개월의 기간이 많이 나옵니다. 예수님은 3년 6개월 동안 사역을 하였습니다. 두 증인도 3년 6개월 동안 사역을 합니다. 엘리야가 기도하니 3년 6개월 동안 비가 오지 않았습니다. 세례 요한은 예수님 보다 6개월 먼저 태어났으며 6개월 먼저 사역을 시작하였습니다. 다윗은 40년 6개월 동안 왕으로 다스렸습니다. 이 기간들이 년 단위로 잘라서 즉 3년이나 4년, 40년으로 햇수가 주어질 수도 있는데 6개월의 기간이 계속 붙어있는 것을 관찰하면 우연이 아닐 것이라는 예감이 듭니다.

이것은 구원을 상징하는 두 절기인 유월절과 초막절간의 기간과 관련이 있습니다. 하나님께서는 인간의 구원을 위하여 일곱 가지 절기를 제정하였는데 그 중에서 가장 중요한 두 절기가 유월절과 초막절입니다. 다른 절기는 하루 동안 지키는데 비하여 이 두 절기는 7일 동안 지킵니다. 또 이 두 절기에만 구원을 상징하는 보름달이 뜹니다.

유월절은 구원의 시작을 의미하며 초막절은 구원의 완성을 상징합니다. 유월절이 구원의 시작이고 초막절이 구원의 완성을 상징하는 이유에 대한 설명은 나중에 다시 하겠으니 우선 그렇게 이해하기 바랍니다. 유월절은 히브리 달력으로 1월 15일에서 21일까지 7일간, 초막절은 7월 15일에서 21일까지 7일간입니다.

유월절에서 초막절까지의 기간이 6개월입니다. 그리고 초막절에서 다음 유월절까지도 기간이 6개월입니다. 여기에 비밀이 있습니다. 하나님은 큰 구원의 사역을 이룰 때 이 두 절기를 의도적으로 사용하는 것입니다. 왜냐하면 하나님은 알파이고 오메가이며 시작이고 끝이므로 구원을 시작한 하나님께서 구원을 완성해야 하기 때문입니다.

예수님의 예를 살펴보겠습니다. 예수님은 3년 6개월 사역하고 유월절에 죽었습니다. 유월절부터 3년 6개월 전은 초막절입니다. 즉 예수님은 초막절에 사역을 시작한 것입니다. 예수님은 30세에 사역을 시작하였습니다. 30세에 사역을 시작한 이유는 만 30세가 되어야 랍비가 될 수 있는 이스라엘의 전통을 따른 것이며 그 전통은 30세에서 50세까지 회막에서 봉사한다는 계명에서 유래한 것입니다. 만 30세에 사역을 시작하였는데 그 때가 초막절이면 예수께서 태어난 때도 초막절이 되는 것입니다. 예수님은 구원을 완성하러 왔으므로 구원의 완성을 상징하는 절기인 초막절에 탄생하고 초막절에 사역을 시작한 것입니다. 그리고 십자가에서 죽음으로 인간들이 구원받을 길을 열어주었음으로 구원의 시작을 의미하는 유월절에 죽은 것입니다.

세례 요한이 예수님보다 6개월 먼저 태어난 것을 성경에서 암시하는 것도 이유가 있는 것입니다. 세례 요한의 어머니 엘리사벳이 예수를 갓 잉태한 마리아를 만날 때 임신 6개월이라는 사실이 그리 중요한 일이겠습니까? 세례 요한이 유월절에 태어난 사실을 계시하려고 그리 중요해 보이지 않은 엘리사벳의 임신 기간 6개월을 기록해 놓은 것입니다. 세례 요한은 구원을 완성하러 온 사람이 아니고 주님이 오는 길을 예비하러 왔습니다. 그러므로 구원의 시작을 상징하는 유월절에 태어나고 유월절에 사역을 시작한 것입니다.

다윗 왕은 헤브론에서 7년 6개월, 예루살렘에서 33년, 모두 40년 6개월 동안 왕으로 다스렸습니다. 다윗 왕은 예수 그리스도의 예표이므로 예수의 생애와 같이 초막절에 왕이 되었다가 유월절에 왕의 임기를 마쳤을 것으로 쉽게 추론해 볼 수 있는 것입니다. 같은 공식을 적용하면 엘리야의 기도로 가뭄이 시작된 때와 3년 6개월 후에 해갈이 된 때도 각각 유월절과 초막절일 것으로 영감을 받을 수 있을 것입니다.

바벨론은 70년간 이스라엘을 통치한 후 바사에게 멸망을 당하였습니다. 그런데 바벨론이 바사에게 정복당한 날은 초막절이었습니다. 이 기록이 성경에는 없지만 역사책에는 남아 있습니다. 이 날은 바벨론으로 잡혀간 이스라엘 사람들이 해방되는 날이었습니다. 즉 70년간 바벨론의 압제하에 있던 이스라엘의 구원이 완성되는 때이므로 이 사건이 초막절에 발생하도록 섭리한 것입니다. 이처럼 하나님께서는 구원의 두 절기인 유월절과 초막절을 사용하되 그 의미에 맞게 즉 유월절에는 구원의 시작을 의미하는 일을, 초막절에는 구원의 완성을 의미하는 일을 행하는 것입니다.

이상으로 살펴 본 것처럼 하나님은 구원의 사역에 있어서 두 절기를 모두 사용해야 하므로 6개월의 기간이 자주 등장하는 것입니다. 이제 모든 예언이 성취되었고 마지막으로 큰 구원의 사건 두 가지가 남아 있습니다. 그것은 휴거와 주님의 지상재림입니다. 이 두 사건도 두 절기를 통하여 성취할 것이라는 영감을 쉽게 받을 수 있습니다. 즉 휴거가 초막절이면 환난 후의 지상재림은 유월절에, 아니면 그 반대로 이루어질 것으로 추정할 수 있습니다. 그러기 위하여 환난 기간은 7년이 아니라 7년 6개월이어야 하며 요한계시록은 그것을 잘 보여주고 있습니다.

09
절기를 알아야 한다

절기에 구원의 비밀이 숨겨진 것을 깨닫는 사람이 별로 없습니다. 절기를 유대인의 절기로 정의하기도 하고 구약 시대의 유물로 간주하기도 합니다. 그리하여 절기를 지키지도 않고 공부하지도 않습니다. 그러나 하나님께서 지키라고 정한 일곱 가지의 절기는 모두 인간의 구원을 위하여 주어진 것이며 잘 지켜지고 그 의미들을 잘 깨달아야 할 것입니다.

신약의 어떤 구절들을 인용하여 절기는 지킬 필요가 없다고 해석을 하는 사람들이 있는데 그것은 성경을 바르게 해석하지 못한 것입니다. 여기서 그 문제에 대하여는 자세히 다루지 않겠지만 절기는 지금도 모두 지켜져야 한다는 것을 다시 말씀드립니다.

절기는 그 자체로도 중요하고 잘 지켜져야 하지만 절기에 대한 지식이 없으면 요한셰시록을 온전하게 이해할 수도 없습니다. 절기에 숨겨진 6개월의 비밀을 모르는 사람은 요한계시록에서 7년의 기간 외에 5개월 이상의 환난 기간, 더 정확하게는 6개월의 기간이 더 있음을 계시하고 있음에도 깨달을 수가 없는 것입니다.

환난 기간이 7년 6개월이라는 것을 깨닫는 것이 중요한 이유는 첫째로 휴거가 절기에 맞추어 발생할 가능성이 높다는 영감을 받게 하기 때문입니다. 정확한 날과 시간은 아무도 모릅니다. 그러나 유월절은 7일간이고 초막절도 7일간이며 8일째 성회까지 포함하면 8일간의 기간이 있습니다. 그러므로 이 두 절기가 휴거의 때와 재림의 때에 대한 계시를 한다고 믿는 것은 성경적인 해석에서 온 것이며 휴거의 정확한 날을 예언하는 것은 아닙니다.

둘째로 사건이 발생순서대로 기록되었다는 이해가 더욱 확실하게 됩니다. 첫 6개월 환난, 전반 3년 반 환난, 후반 3년 반 환난의 기간을 정확하게 구분함으로써 전체 이야기가 기간별로 완벽하게 구성되어 있음을 이해할 수 있습니다. 또한 환난 전에 휴거가 일어나고 휴거 직후부터 대환난이 시작된다는 사실, 즉 환난 전 휴거가 확고한 진리라는 것을 깨닫게 됩니다.

셋째로 일곱 인의 재앙, 일곱 나팔 재앙, 일곱 대접 재앙을 모두 같은 재앙으로 이해하는 것이 잘못 된 것임을 깨닫게 됩니다. 요한계시록을 가르치는 많은 선생들이 이 세 가지 다른 재앙의 종류를 한 가지 재앙을 반복적으로 기록하였다고 이해를 합니다. 이들은 첫째 인이 환난의 시작이라고 보편적으로 이해를 합니다. 그런 후 첫째 인에서 여섯째 인의 환난이 7년 환난기간 안에 포함되어 있지 않음을 관찰하고 인의 환난이 나팔의 환난과 대접의 환난을 미리 보여준 것으로 풀어버리는 것입니다. 이러한 사람들은 당연히 요한계시록이 발생 순서대로 기록되었다는 사실도 부인하게 되는 것입니다.

이처럼 절기에 대한 영적인 의미를 깨닫지 못하면 환난 기간이 7년 6개월이라는 것을 알지 못하게 되며 이러한 사실을 알지 못하면 요한계시록의 바른 해석은 불가능한 것입니다. 그러므로 절기에 대한 영적인 의미를 깨닫는 것이 요한계시록을 정확하게 이해하는 견고한 초석이 되는 것입니다. 그러니 이제는 절기를 지키고 절기에 대한 공부도 해야겠습니다.

10
유월절과 초막절

요한계시록을 바르게 이해하기 위하여 절기에 대하여 알아야 한다고 말을 하면 보통의 성경 선생들은 이해를 못할 것입니다.

그러나 절기를 알면 요한계시록을 이해하는데 도움이 될 뿐더러 하나님께서 인간의 구원을 위하여 얼마나 애쓰는지 깨달을 수 있습니다. 따라서 하나님께 더욱 감사하게 됩니다. 또한 절기에 대한 바른 이해는 현대 교회에 만연된 왜곡된 진리를 바로 잡을 수 있는 통찰력을 제공하기도 합니다.

유월절은 애굽의 종노릇 하던 이스라엘이 어린 양의 피를 문설주에 바르고 해방된 날입니다. 하나님은 이 날을 대대로 지켜 기념하라고 했습니다. 이 때에 문설주에 바른 어린 양의 피는 예수 그리스도께서 흘릴 피의 예표였습니다. 기념하는 방법은 히브리 달력 1월 14일 밤부터 21일까지 누룩이 든 음식을 먹지도 말고 집에 두지도 말라는 것입니다. 또한 첫 날과 마지막 날은 안식일로 지켜야 합니다. 다른 당부의 말씀들도 있지만 이 두 가지가 가장 중요한 말씀입니다. 이 때에 이스라엘 백성들은 애굽에서 나오는 구원은 이루었는데 가나안에 들어가는 구원은 이루지 못한 사람이 많았습니다. 일 세대 성인 남자 육십만 명 중에 여호수아와 갈렙을 제외하고는 구원이 완성되지 못하였습니다.

즉 유월절 어린양의 피가 애굽으로 부터 구원받게 하는 능력은 있었으나 구원의 땅의 상징인 가나안까지 들어가게 하는 능력은 없었습니다. 이들이 가나안으로 들어가는 구원의 완성을 위하여는 광야에서 하나님의 계명을 지키고 순종하며 죄를 멀리해야 하는 것입니다. 유월절을 지키는 핵심 의미가 여기에 있습니다. 유월절에는 죄를 상징하는 누룩을 7일 내내 멀리해야 합니다. 그래서 이 절기를 무교절이라고도 합니다.

이 의례의 의미는 예수를 믿어도 계속 죄를 멀리 하라는 것입니다. 그리할 때 구원받는다는 것입니다. 한번 예수를 영접하기만 하면 영원히 구원받은 것이라는 많은 교회들의 가르침이 틀렸다는 것이 유월절 예식을 통하여도 깨달을 수 있는 것입니다. 이처럼 유월절은 구원의 시작을 상징하는 절기인 것입니다.

초막절은 유월절로 부터 6개월 후인 7월 15일부터 7일간 지키는 절기입니다. 이 절기에는 나뭇잎을 모아 흔들며 7일 내내 기뻐하는 것입니다. 첫째 날과 초막절이 끝난 다음 날인 8일째 성회의 날을 안식일로 거룩하게 지켜야 합니다. 또한 초막절은 같은 달에 지켜야 하는 두 절기인 나팔절과 속죄일과 연관이 됩니다. 7월 1일은 나팔절로 회개의 절기입니다. 7월 10일은 속죄일로 하나님께서 회개한 사람들의 죄를 사하여 주는 절기 입니다. 이어서 7월 15일에서 21일까지는 초막절로 구원이 완성되는 절기입니다.

이것은 하나님께서 인간을 구원하는 절차를 보여주는 것입니다. 인간이 회개를 하면 하나님께서 그 죄를 사하여 주고 그리하여 인간의 구원이 완성되는 것입니다. 이 세 절기가 며칠 간격으로 같은 달, 그것도 완전 수인 7월에 함께 있는 이유가 바로 이것입니다. 초막절은 구원의 완성을 의미하므로 완전 수인 7월에 있는 것이며 유월절은 구원의 시작을 의미하므로 시작을 의미하는 1월에 있는 것입니다. 초막절은 구원이 완성되었으므로 유월절처럼 더 이상 누룩을 멀리할 필요도 없고 7일 내내 잘 먹고 기뻐하는 것입니다.

이처럼 절기들은 하나님께서 인간들의 구원을 위하여 제정한 것입니다. 하나님께서 제사 받으려고 정한 깃이 아닙니다. 하나님은 인생들을 너무 사랑하여 구원하려고 계명을 주었고 절기를 주었고 안식일을 주었고 아들을 주었고 성령을 주었습니다. 우리의 구원을 위하여 더 이상 무엇이 필요하겠습니까? 무엇을 더 달라고 하겠습니까? 이미 주어진 것이라도 잘 받아 먹어야 할 것입니다. 절기에 대하여 더 공부를 하려면 레위기 23장, 민수기 28장, 29장을 읽어 보십시오.

11
완벽한 기간별 분석

휴거의 시점과 환난 기간에 대하여 한번 더 정리를 하겠습니다. 이 내용은 너무 중요하므로 성경책에 표시를 해놓고 노트에도 적어 놓기 바랍니다.

1) 휴거: 요한계시록 6장 11절과 12절 사이. 여섯째 인을 떼기 직전 또는 떼는 순간.

2) 첫 6개월 환난 기간: 요한계시록 6장 12절--10장 11절

3) 전반 3년 반 환난 기간: 요한계시록 11장 1절--12장 17절

4) 후반 3년 반 환난 기간: 요한계시록 13장 1절–19장 10절

예수 그리스도께서 지상에 재림하는 것은 19장 11절입니다. 7년 6개월의 환난 기간이 끝나고 예수께서 성도들과 함께 땅에 오시어 가장 먼저 하는 일은 적그리스도 세력을 진멸하는 것입니다. 그런 후 사탄을 결박하여 천 년 동안 가두고 천년왕국을 여는 것입니다. 19장 11절에서 20장 6절까지의 내용이 그것을 설명하고 있습니다. 그런데 이 기간, 즉 예수께서 지상에 재림한 후 천년왕국을 시작하는 때까지의 기간도 알 수 있도록 하나님께서 계시해 놓았습니다. 이 계시는 쉽게 열릴 수 있는 것이 아니지만 절기와 다니엘서의 말씀과 히브리 달력을 사용함으로써 그 기간이 45일이라는 것을 풀어낼 수가 있습니다. 다니엘서 12장 11절, 12절 말씀을 보겠습니다.

"매일 드리는 제사를 폐하며 멸망하게 할 가증한 것을 세울 때부터 천이백구십 일을 지낼 것이요" "기다려서 천삼백삼십오 일까지 이르는 그 사람은 복이 있으리라" (단 12:11–12).

이 구절에서 1,290일은 적그리스도가 다스리는 후반 3년 반의 기간을 뜻하는 것인데 더 정확하게 말하면 히브리 달력으로 3년 반보다 조금 더 긴 기간입니다. 계시록 13장 5절에는 적그리스도가 정확하게 3년 반, 즉 42개월을 다스린다고 말씀하고 있는데 다니엘서에는 며칠 더 길게 표현되어 있는 것입니다. 히브리 달력으로 42개월은 1,267일이므로 다니엘서에는 환난 기간이 요한계시록 보다 23일 더 길게 표현되어 있는 것인데 그 이유는 11장 7절에 적그리스도가 두 증인과 전쟁하는 기간이 있기 때문입니다. 다니엘서는 이 것을 감안하여 후반 3년 반의 환난기간을 1,290일이라고 하는 것입니다. 이러한 사실을 설명하는 이유는 하나님께서는 매우 정확하고 정밀하게 숫자나 날짜를 적용한다는 것을 보여주기 위함이며 동시에 1,290일이 정확하게 42개월이 아니라는 의구심을 가지는 사람들의 이해를 돕기 위한 것입니다.

이 기간, 즉 후반 환난 기간 1,290일을 잘 견디고 1,335일까지 이르는 사람은 복이 있다고 합니다. 1,335일에서 1,290일을 빼면 45일이 나옵니다. 즉 후반 3년 반의 환난을 잘 견뎌내고 45일을 더 버티는 사람은 복이 있다는 의미입니다. 이 말씀의 뜻이 무엇이겠습니까? 후반 3년 반의 환난까지 모두 끝나면 예수께서 지상에 재림을 합니다. 그 후에는 적그리스도와 그 군대들을 진멸합니다. 이 때에는 두 부류의 사람들이 지상에 존재하고 있습니다. 한 부류는 적그리스도의 편에 선 사람들 즉 짐승의 표를 받고 우상에게 경배하는 사람들과 믿음으로 인내하며 짐승의 표를 받지 않고 살아 남은 사람들입니다.

짐승의 표를 받지 않고 믿음을 지킨 사람들은 천년왕국의 백성으로 살아 남아 구원을 받게됩니다. 그 외의 적그리스도 세력은 주님께서 재림하여 모두 죽이는 것입니다. 이 때에 살아 남은 사람들이 구원받게 되는 것을 표현한 것이 바로 다니엘서 12장 12절의 "기다려서 천삼백삼십오 일까지 이르는 그 사람은 복이 있으리라"는 말씀의 의미인 것입니다. 이 기간에 죽임당하면 구원받지 못하는 것이며 살아 남으면 구원받는 것인데 그 기간이 45일인 것입니다. 즉 주님께서 재림하여 적그리스도 세력을 진멸하고 천년왕국을 여는 때까지의 기간이 45일이며 그 때까지 이르는 사람은 천년왕국의 백성으로 구원을 받은 것이므로 복이 있는 것입니다. 이 기간이 45일인 것은 나중에 부연 설명을 하면서 다시 확증하겠습니다. 그러니 지금은 이해가 충분하지 않아도 우선 받아들이기 바랍니다.

그렇다면 여기서 더욱 구체적인 요한계시록 기간 분석을 할수 있게 됩니다. 이전까지는 휴거부터 7년 6개월의 환난 기간까지를 분석하였다면 이제는 주님께서 재림한 때부터 천년왕국을 여는 기간까지 알게 된 것입니다. 그것은 19장 11절에서 20장 6절까지이며 기간은 45일입니다. 이어서 천년왕국이 이루어지는데 이것은 20장 7절에서 20장 15절까지 입니다. 그리고 21장 1절에서 새 예루살렘 즉 천국이 내려오는 것입니다. 이렇게 하여 요한계시록의 기간별 분석이 완성되는 것입니다. 이것을 처음부터 다시 정리를 하겠습니다.

5) 휴거: 요한계시록 6장 11절과 12절 사이. 여섯째 인을 떼기 직전 또는 떼는 순간.

6) 첫 6개월 환난 기간: 요한계시록 6장 12절--10장 11절

7) 전반 3년 반 환난 기간: 요한계시록 11장 1절--12장 17절

8) 후반 3년 반 환난 기간: 요한계시록 13장 1절--19상 10절

9) 지상재림에서 천년왕국 시작까지의 기간 45일: 요한계시록
   19장 11절--19장 21절

10) 천년왕국: 요한계시록 20장 1절--20장 15절

11) 새 예루살렘(천국): 요한계시록 21장 1절--22장 11절

요한계시록 6장 12절의 휴거와 환난 시작부터 요한계시록의 끝 부분인 새 예루살렘까지에 대한 모든 이야기가 완전하게 기간별로 정리가 되었습니다. 이 기간들을 성경책에 표기하여 놓고 요한계시록을 공부하면 전체적인 줄거리를 종합적으로 이해하는데 도움이 될 것입니다.

12
같은 날 같은 일을 행하심

성경에는 어떤 사건이 발생한 날짜를 기록하는 경우가 많습니다. 그 날짜들을 유심히 관찰하면 하나님께서 같은 날 같은 의미의 사건들을 발생하게 하는 것을 알 수 있습니다. 하나님께서는 일곱 가지의 절기를 정하여 매년 같은 날에 같은 방법으로 지

키게 합니다. 같은 날 같은 일을 행하게 하는 것입니다. 솔로몬이 지은 성전이 바벨론에 의하여 무너진 날은 BC 586년 다섯째 달 9일이며 주후 70년에 제2성전이 로마에 의해 무너진 때도 다섯째 달 9일입니다. 같은 날 같은 사건이 발생한 것입니다. 이러한 하나님의 섭리는 현대의 역사에서도 볼 수 있습니다.

2001년 9월 11일은 미국 역사상 가장 많은 사람이 죽은 테러가 발생한 날입니다. 여객기 두 대가 납치되어 뉴욕의 세계무역센터에 충돌한 테러 사건이었습니다. 미국 정부는 이러한 테러의 배후에 이라크가 있음을 밝혀내고 약 일 년 반쯤 후인 2003년 3월 19일에 이라크 침공을 시작합니다. 미국이 이라크 공격을 개시한 3월 19일은 히브리 달력으로 12월 15일로 수산 부림절입니다. 이라크는 이스라엘과 적대적이며 세 차례의 중동 전쟁에도 모두 적군으로 참전한 나라입니다. 비록 이스라엘이 직접 공격하지는 않았지만 하나님은 부림절에 이스라엘을 죽이려고하는 적을 오히려 죽임당하게 섭리한 것입니다. 부림절에 부림절의 의미에 맞는 일을 행한 것입니다.

2008년 8월에 리비아에서는 가다피 대통령을 반대하는 세력과 정부군 간의 내전이 시작됩니다. 이 내전 중에 많은 리비아 국민들이 살상을 당하게 되자 유엔은 가다피에게 전쟁을 중단할 것을 요청합니다. 그러나 가다피는 유엔의 요청을 거절하고 내전을 계속합니다. 그러자 미국과 몇몇 동맹국들이 리비아를 공격하였고 이 때에 가다피는 죽임을 당합니다. 미국이 이 전쟁을 시작한 날은 2011년 3월 19일인데 히브리 달력으로 12월 13일로 부림절 전날입니다. 부림전 전날은 이스라엘이 멸절되기로 정해진 날이었으나 반전시켜 오히려 적들을 죽인 날입니다. 리비아는 이슬람 국가로서 이스라엘에게 적대적이며 1967년 6일전쟁 때 이스라엘의 적국으로 참전한 적이 있습니다. 그러므로 하나님께서 리비아에 대한 공격도 부림절 전날에 이루어지도록 섭리한 것입니다.

이스라엘 독립 이후로 주변 중동국가들의 이스라엘에 대한 위협과 테러가 끊임없이 발생하고 있습니다. 그러한 정황 중에 이스라엘의 우방인 미국이 이스라엘의 적들을 침공하였습니다. 21세기에 들어 미국이 다른 나라들을 침공한 예가 두 번 있는데 모두 이스라엘의 적국들을 부림절에 침공한 것입니다. 이 두 전쟁은 부림절의 의미가 현대의 중동역사에 반영된 것입니다. 즉 이스라엘의 적인 이라크와 리비아가 부림절에 맞추어 침공을 당하도록 역사함으로써 하나님께서 같은 날 같은 의미의 일을 행하는 것은 고대나 현대나 변함이 없음을 보여주는 것입니다.

🔢 **13**
이 월 이십팔 일의 비밀이 크도다

1948년 이스라엘이 독립을 하였을 때에 예루살렘의 절반은 요르단이 소유하고 있었습니다. 독립한지 19년 후인 1967년에 이스라엘은 6일전쟁을 통하여 요르단이 소유하고 있던 절반의 예루살렘을 전쟁 삼 일째 되던 날인 6월 7일에 접수하여 통일합니다. 이 날은 히브리 달력으로 2월 28일입니다.

예수께서는 유월절인 1월 15일에 죽임 당하고 삼 일 후인 1월 18일에 부활하였습니다. 그리고 부활한 날로부터 사십 일 후에 승천하였습니다. 예수께서 승천한 날을 계산하면 2월 28일입니다.

노아의 홍수 사건을 보면 노아가 방주에 들어간 날인 2월 10일과 홍수가 시작된 2월 17일로 시작하여 땅이 마르고 노아가 배에서 나오기까지 주요 과정의 날짜를 알 수 있도록 기록되어 있습니다. 사천 여년 전에 발생한 홍수 사건을 진행 순서에 따라 열 차례도 넘게 날짜를 알 수 있도록 기록해 놓은 이유가 무엇이겠습니까? 그것은 하나님께서 같은 날 같은 의미의 일을 행한다는 것을 계시하기 위한 것이 그 이유 중에 하나입니다. 그 중에서 한 가지를 다루어 보겠습니다. 창세기 8장 14절에서 18절까지를 보겠습니다.

"둘째 달 스무이렛날에 땅이 말랐더라" "하나님이 노아에게 말씀하여 이르시되" "너는 네 아내와 네 아들들과 네 며느리들과 함께 방주에서 나오고" "너와 함께한 모든 혈육 있는 생물 곧 새와 가축과 땅에 기는 모든 것을 다 이끌어내라 이것들이 땅에서 생육하고 땅에서 번성하리라 하시매" "노아가 그 아들들과 그의 아내와 그 며느리들과 함께 나왔고"(창 8:14-18).

홍수로 온 땅이 심판을 받고 땅이 마른 날이 홍수가 시작된지 1년 10일 만인 2월 27일입니다. 땅이 마르자 하나님께서는 노아에게 방주에서 나오라고 명합니다. 그런데 노아가 땅으로 나온 정확한 날에 대하여는 언급이 없습니다. 그러나 이 날은 2월 28일일 것이라고 쉽게 추정할 수 있습니다. 땅이 말랐는데 방주에 며칠간 더 머무르지 않았을 것이며 또한 2월 27일에 땅이 말랐으므로 하나님께서는 2월 27일이나 2월 28일에 땅으로 나가라고 명하였을 것이기 때문입니다. 무엇보다도 이 날이 2월 28일이어야 하는 것은 바로 예루살렘이 통일된 날과 예수님이 승천한 날도 2월 28일이기 때문입니다.

이 역사적인 세 사건이 히브리 달력으로 모두 같은 날인 2월 28일에 발생한 이유는 이 세 사건이 모두 같은 의미를 갖기 때문입니다. 그것은 바로 하늘과 땅의 통일입니다. 이방 나라 요르단에 속한 예루살렘은 땅의 상징이고 이스라엘에 속한 예루살렘은 하늘의 상징인데 2월 28일에 통일되었습니다. 예수님은 성령으로 하늘과 땅을 통일하기 위하여 2월 28일에 승천하였습니다. 홍수 심판이 끝난 지구는 죄가 없으므로 하늘과 땅이 통일된 의미를 갖는데 이 날이 2월 28일입니다. 즉 이 세 사건은 하늘과 땅이 통일되고 하늘의 뜻이 땅에 이루어지는 동일한 영적인 의미를 가집니다. 그러므로 같은 날에 발생하도록 섭리한 것입니다. 너무도 놀랍지 않습니까? 사천 년 전의 사건과 이천 년 전의 사건과 오십 년 전의 역사적인 사건을 같은 날에 발생하도록 섭리하는 하나님의 지혜와 지식의 풍성함은 인간들이 헤아리지 못할 것입니다.

14
천년왕국이 시작되는 날

하늘과 땅이 통일되는 또 한번의 사건이 남아 있습니다. 그것은 천년왕국입니다. 천년왕국은 예수께서 지상에 재림하여 적그리스도를 진멸한 후에 시작됩니다. 이 때는 세상이 모두 심판을 받고 지상에는 구원받은 사람들만 남아 있습니다. 이것은 마치 노아가 방주에서 땅으로 나온 때와 같은 의미입니다. 즉 하늘과 땅이 통일된 것이며 하늘의 뜻이 이 땅에서도 이루어진 것입니다. 그러므로 천년왕국도 노아가 땅에서 나온 날과 예루살렘이 통일된 날과 예수님의 승천한 날과 같은 2월 28일이 될 것이라고 영감을 받는 것은 매우 자연스러운 일일 것입니다.

휴거는 지상에 있는 성도들의 구원이 완성되는 의미이므로 구원의 두 절기 중에서도 구원의 완성을 상징하는 초막절에 발생할 것이라고 전제를 하면 주님의 지상재림은 7년 6개월의 환난이 지난 유월절이 될 것입니다. 유월절은 1월 14일 저녁입니다.

이 날부터 시작하여 날짜를 세어보면 2월 28일까지가 정확하게 45일입니다. 즉 주님께서 재림하여 천년 왕국을 여는 날까지가 45일이라는 분석이 이렇게 하여 다시 화증이 되는 깃입니다. 여기서 1월 14일 밤 유월절에서 2월 28일까지가 정확하게 45일이라는 사실을 보여주기 위하여 날 수를 실제로 세어 보겠습니다. 히브리 달력은 홀수 달은 삼십 일, 짝수 달은 이십구 일로 되어 있습니다.

1월 14(1), 15(2), 16(3), 17(4), 18(5), 19(6), 20(7), 21(8), 22(9), 23(10), 24(11), 25(12), 26(13), 27(14), 28(15), 29(16), 30(17), 2월1(18), 2(19), 3(20), 4(21), 5(22), 6(23), 7(24), 8(25), 9(26), 10(27), 11(28), 12(29), 13(30), 14(31), 15(32), 16(33), 17(34), 18(35), 19(36), 20(37), 21(38), 22(39), 23(40), 24(41), 25(42), 26(43), 27(44), **28(45).**

이처럼 하나님은 날짜나 숫자에 있어서도 한치의 오차가 없습니다. 유월절인 1월 14일 밤부터 2월 28일까지가 45일이라는 사실은 다니엘서 해석의 가장 난해한 부분 중에 하나인 1,290일과 1,335일의 비밀을 풀어 주며 동시에 유월절 지상재림과 초막절 휴거를 강력하게 바쳐주는 것입니다. 또한 환난 기간이 7년 6개월이라는 사실도 다시 확증되는 것입니다. 이 비밀이 풀리기까지 적지 않은 계시와 영적 통찰력이 동원되었습니다. 난해하지만 성령의 조명하심으로 쉽게 풀어지고 있습니다.

15
심판의 때를 준비하라

지금까지는 6장 12절의 환난 시작부터 계시록의 끝 부분까지의 큰 틀에 대하여 다루었다면 여기서는 요한계시록의 서론에 해당하는 1장에서 6장 11절까지의 핵심 내용을 간단히 요약하겠습니다.

1장, 2장에는 요한이 마지막 때에 대한 그리스도의 계시를 받아 교회들에게 심판 받지 않도록 준비할 것을 당부합니다. 그리고 3장, 4장에는 심판에 앞서 하나님과 어린 양께 찬양과 경배를 드립니다. 이어서 6장 1절에서 11절까지에는 첫째 인에서 다섯째 인까지 떼어지며 적그리스도의 미혹이 있고 전쟁과 기근과 전염병 등의 환난이 있습니다. 순교당한 영혼들이 천국에서 원수 갚아 줄 것을 신원하자 순교자의 수가 더 차기까지 기다리라고 합니다. 여기까지가 요한계시록의 서론 부분에 해당합니다.

지금은 첫째 인에서 다섯째 인까지 모두 떼어진 상황입니다. 지금 세상에서 벌어지는 일들이 이를 잘 반영을 하고있습니다. 현대의 교회에는 거짓 사도, 거짓 선지자, 거짓 목사들의 미혹이 만연하고 있습니다. 많은 나라가 내란과 테러를 겪고 있으며 남북한 전쟁 소문, 이스라엘과 이란과의 전쟁 소문, 미국과 러시아와의 삼차대전 소문 등 온 세계가 내전과 테러와 전쟁의 긴장속에 빠져있습니다.

10억 명이 기아 상태에 있으며 하루에 3만 명이 굶어 죽고 있습니다. 베네수엘라는 많은 국민들이 쓰레기통을 뒤지고 있을 정도로 경제가 어렵습니다. 그리스는 채무불이행 상태 직전에 있으며 많은 나라가 불황으로 경제난에 처해있습니다. 2천 년대에 들어서 연평균 순교자의 수는 약 10만명으로 과거 2천 년 이래 가장 많은 수를 기록하고 있습니다.

그러니 첫째 인에서 다섯째 인까지 모두 떼어진 상태이며 언제라도 여섯째 인이 떼어지고 휴거가 일어날 수 있습니다. 즉 채워야 할 순교자의 수가 얼마인지는 모르지만 그 수만 차면 휴거가 일어나고 환난이 시작되는 것입니다.

16
요한계시록의 맥이 잡히다

지금까지의 분석을 종합하면 요한계시록의 전반적인 이야기 구성의 맥이 잡히는 것을 알 수 있습니다. 그 내용을 다시 정리해보겠습니다.

1) 발생순서대로 기록되었다.
2) 휴거는 6장 11절과 12절 사이 여섯째 인을 떼기 직전 또는 떼는 순간이다.

3) 대환난은 여섯째 인을 떼면서 시작된다.

4) 현재는 다섯째 인까지 모두 떼어진 상태이므로 언제든지 휴거가 올 수있다.

5) 환난 전에 휴거가 일어난다.

6) 환난 기간은 7년 6개월이다.

7) 환난 기간은 크게 첫 6개월, 전반 3년 반, 후반 3년 반으로 나누어 이해할 수있다.

8) 휴거는 초막절 즈음에 지상재림은 유월절 즈음에 발생한다.

9) 환난 후 주께서 재림하여 천년왕국을 열때까지의 기간은 45일이다.

이러한 맥이 잡히기까지 여러가지 지식과 지혜가 필요하였는데 그 내용은 다음과 같습니다.

1) 절기에 대한 지식.

2) 유월절과 초막절의 의미와 그 간격이 6개월이라는 것을 깨닫는 통찰력.

3) 히브리 달력에 대한 지식.

4) 성전 멸망한 날에 대한 지식.

5) 같은 날 같은 일을 행하는 하나님의 지혜에 대한 깨달음.

6) 노아의 홍수 사건을 일정별로 기록한 하나님의 섭리를 깨닫는 지혜.

7) 예수님 승천일에 대한 지식.

8) 이스라엘의 근대사와 예루살렘 통일된 날에 대한 지식.

9) 이라크와 리비아가 침공 당한 날이 부림절이라는 지식.

10) 다니엘서의 1,290일과 1,335일의 비밀에 대한 깨달음.

11) 유월절 밤 1월 14일부터 2월 28일까지가 45일인 것을 알 아내는 지혜와 통찰력.

이상으로 살펴 본 것처럼 요한계시록의 큰 틀을 이해하기 위하여는 창세기의 노아의 홍수와 레위기의 절기와 다니엘서에 대한 지식과 두 번 있은 성전 파괴에 대한 역사를 알아야 합니다. 예수의 생애와 이스라엘 근대 역사와 중동의 전쟁에 대한 지식도 있어야 하고 숫자와 히브리 달력에 대한 관찰력과 통찰력까지 필요한 것을 알 수 있습니다. 그러니 요한계시록을 푼다는 것이 쉬운 일이 아닌 것은 사실입니다. 그럼에도 불구하고 서두에서 언급하였듯이 한 걸음씩 잘 따라오기만 하면 그리 어렵지 않게 이해할 수 있다는 것을 다시 한번 말씀드립니다.

이제 요한계시록에 대한 자신감을 가질 수 있습니다. 왜냐하면 요한계시록의 큰 윤곽을 볼 수 있는 중요한 지식을 대부분 알기 때문입니다. 집을 짓는 것에 비유하면 집의 기초를 놓고 건물의 외벽과 내부 구조를 모두 마친 것입니다. 이제 내장공사와 인테리어만 남은 것입니다. 즉 집의 반 이상은 완성한 것입니다. 여러분은 멀리 하늘에서 요한계시록의 숲을 보았습니다. 이제 내려가 나무를 볼 차례입니다.

지금까지 잘 이해를 하였다면 여러분은 이미 요한계시록의 반은 숙지했다고 하여도 과언이 아닙니다. 이제 남은 것은 구체적인 내용들을 풀어가는 것인데 이 부분도 그리 어렵지 않습니다. 왜냐하면 대부분 문자 그대로 이해할 수 있고 성경이 성경을 풀어 주기 때문입니다. 계속 잘 따라 오십시오. 요한계시록이 너무 쉬워 점점 더 재미도 있고 흥분될 것입니다.

II
숲 속의 나무를 보라

17
우선 큰 나무들을 보라

요한계시록에는 서술된 내용의 양이 적지 않습니다. 처음 머리말부터 교회에 보내는 메시지와 심판에 대한 내용, 그리고 천년왕국과 새 예루살렘이 내려오기까지 모두 22장의 짧지 않은 책으로 구성되어 있습니다. 어려운 내용도 있으며 비유와 상징에 대한 바른 해석을 위하여 복잡한 설명이 필요한 부분도 있습니다. 또한 지금의 세계정치 상황과 연결하여 해석해야 하는 부분도 있습니다. 그러나 요한계시록을 공부함에 있어서 가장 중요한 것은 말씀대로 행하는 것입니다.

요한계시록이 다소 어렵고 여러 가지 많은 내용으로 구성되어 있지만 그 가운데서 지켜 행하여야 할 메시지는 그리 많지 않습니다. 이 지켜 행하라는 명령은 요한계시록의 빽빽한 숲을 구성하는 많은 나무들 중에서도 가장 큰 나무들이라고 할 수 있습니다. 이 나무들을 우선 볼 수 있어야 합니다. 그리고 그대로 행하는 것입니다. 이것은 다른 성경을 읽을 때도 적용되는 보편적인 원칙입니다. 다시 말하면 내용을 이해하는 것도 필요하지만 결국은 말씀을 지키기 위하여 요한계시록을 공부하는 것입니다. 그러므로 요한계시록은 서두에서도 끝에서도 그러한 당부를 하고 있습니다.

"이 예언의 말씀을 읽는 자와 듣는 자와 그 가운데에 기록한 것을 지키는 자는 복이 있나니 때가 가까움이라"(계 1:3).

"보라 내가 속히 오리니 이 두루마리의 예언의 말씀을 지키는 자는 복이 있으리라 하더라"(계 22:7).

말씀을 잘 지키기만 한다면 어려운 부분에 대한 이해가 조금 부족하더라도 여러분은 요한계시록 공부에 성공한 것입니다.

18
우뚝 솟은 백향나무

성경 전체를 통하여 요한계시록에서만 가르치는 것이 하나 있습니다. 이것은 인간의 구원과 관련하여 매우 중요한 말씀인데 요한계시록 외에는 신구약의 어느 책에서도 가르치지 않습니다. 또한 이 가르침은 마지막 때를 사는 사람들에게만 해당되는 매우 독특하며 중요한 진리이므로 특별히 집중해야 할 것입니다. 그것은 짐승의 표에 관한 것입니다. 요한계시록 13장 16절에서 18절까지를 보겠습니다.

"그가 모든 자 곧 작은 자나 큰 자나 부자나 가난한 자나 자유인이나 종들에게 그 오른 손에나 이마에 표를 받게 하고" "누구든지 이 표를 가진 자 외에는 매매를 못하게 하니 이 표는 곧 짐승의 이름이나 그 이름의 수라" "지혜가 여기 있으니 총명한 자는 그 짐승의 수를 세어 보라 그것은 사람의 수니 그의 수는 육백육십육이니라"(계 13:16-18).

이 구절은 적그리스도가 모든 인간들에게 짐승의 표 또는 666표를 받게 하고 받지 않으면 매매를 못하게 한다고 합니다. 다음은 요한계시록 14장 9절에서 11절까지를 보겠습니다.

"또 다른 천사 곧 세째가 그 뒤를 따라 큰 음성으로 이르되 만일 누구든지 짐승과 그의 우상에게 경배하고 이마에나 손에 표를 받으면" "그도 하나님의 진노의 포도주를 마시리니 그 진노의 잔에 섞인 것이 없이 부은 포도주라 거룩한 천사들 앞과 어린 양 앞에서 불과 유황으로 고난을 받으리니" "그 고난의 연기가 세세토록 올라가리로다 짐승과 그의 우상에게 경배하고 그의 이름 표를 받는 자는 누구든지 밤낮 쉼을 얻지 못하리라 하더라"(계 14:9-11).

이 구절은 짐승에게 경배하거나 짐승의 표를 받으면 불과 유황으로 고난을 받는다고 합니다. 즉 구원받지 못하고 지옥으로 간다는 것입니다. 이 말씀에는 짐승의 표를 받은 후에 회개를 하면 된다거나 다시 표를 끄집어 내면 괜찮다는 말씀이 없습니다. 즉 짐승의 표는 한번 받기만 하면 지옥으로 가는 것입니다. 짐승의 표를 받은 사람은 사탄이 인을 친 것, 즉 사탄의 소유로 확정된 것이므로 다시 돌이킬 수 없는 것입니다.

회개하고 예수를 믿으면 구원받는 것이 성경의 기본적인 가르침인데 짐승의 표를 받는 것은 예외입니다. 이것은 요한계시록에서만 가르치는 매우 특별한 것입니다. 그러므로 요한계시록을 모르면 마지막 때에 구원받지 못한다고 할 수 있는 것입니다. 마지막 때에 특히 환난에 남겨진 사람들은 짐승의 표를 받는지 여부에 따라 구원이 결정되는 것입니다. 그러니 짐승의 표를 받지 말라는 가르침은 요한계시록을 구성하는 많은 나무들 중에서 가장 크게 우뚝 솟은 백향나무라 할 수 있습니다.

19
베리칩은 짐승의 표다

컴퓨터 칩을 알기 전까지는 짐승의 표에 대한 이해가 불확실했습니다. 손등과 이마에 도장을 받는 것 정도로 이해를 하였습니다. 그러나 컴퓨터가 고도로 발달한 지금은 컴퓨터 칩이 짐승의 표라는 것을 이해하는 것이 너무 쉬워졌습니다. 현대 사회는 컴퓨터 없이는 돌아갈 수 없을 정도로 컴퓨터의 기능이 발달하였고 그 사용 범위도 매우 넓어졌습니다.

쌀알만한 크기의 컴퓨터 칩에 인간의 모든 정보를 담을 수 있고 그것을 인간의 몸에 주입하여 사람을 조종 통제할 수 있는 지경까지 이르렀습니다. 이 컴퓨터 칩은 영어로 Radio Frequency Identification이라고 하는데 약자로는 RFID라고 부르기도 합니다. 이 칩의 제조업체인 베리쉴드(VeriShield) 회사의 이름을 인용하여 베리칩이라고도 부릅니다. 이 베리칩은 이미 특별한 목적으로 일부의 사람들이 주입을 받아 사용하고 있습니다.

병원의 특수한 환자들, 특별 임무를 수행하는 군인들, 조직의 중요한 일을 하는 사람들이 이미 신분 확인의 목적으로 몸에 컴퓨터 칩을 이식받아 사용하고 있습니다. 또한 베리칩을 대금 결제수단으로 사용하는 회사들도 있습니다. 네델란드의 한 클럽에서는 수 년 전부터 컴퓨터 칩을 몸에 이식한 사람들을 특별 고객으로 취급하며 컴퓨터 칩을 스캔하여 대금 결제를 하고 있습니다.

베리칩이 짐승의 표인지를 확인하기 위하여는 베리칩에 대금 결제 기능 즉 신용카드의 기능이 있는지를 판단하여야 합니다. 왜냐하면 요한계시록 13장 17절에는 이 표를 가진 자 외에는 매매를 못하게 한다고 말씀하기 때문입니다. 즉 베리칩이 없이는 물건을 사고 팔 수가 없으므로 베리칩에는 신용카드의 기능이 있어야 하는 것입니다. 그런데 조금 전에 언급하였듯이 이미 베리칩으로 물건 값을 지급하는 일은 행해지고 있습니다. 그러니 베리칩은 짐승의 표인 것입니다. 베리칩을 최초로 개발한 연구팀의 칼 샌더스 박사도 베리칩이 짐승의 표이므로 받지 말라는 홍보를 하고있습니다.

유대인 칼 샌더스는 베리칩을 개발한 후 예수를 믿게 되었고 요한계시록을 읽다가 크게 충격을 받았다고 합니다. 왜냐하면 베리칩이 그 기능면에서도 짐승이 표리는 것을 확인하였지만 더 놀라운 사실은 이마나 오른 손등에 표를 받게 된다는 구절 때문 이었습니다. 이 구절의 말씀은 자신의 연구 결과와도 일치하는 것이었습니다.

이마나 오른 손등에 칩을 주입해야 하는 이유는 그 두 곳이 인체 중에 가장 체온이 낮은 곳이기 때문이라고 합니다. 온도가 낮을수록 기계가 정상적으로 작동할 가능성이 높다는 것입니다. 이 사람은 신변의 위협을 받으면서도 계속 베리칩이 짐승의 표 이므로 절대 받지 말라는 홍보를 하고 있습니다. 이처럼 베리칩 을 최초로 개발한 사람의 증언도 베리칩이 짐승의 표라는 것을 확인해주고 있습니다.

한 사람이 인류 전체를 가장 손쉽게 지배할 수 있는 수단은 컴퓨터입니다. 컴퓨터 칩을 주입 받은 사람은 그 칩이 꺼지면 경 제적으로 사회적으로 식물 인간이 되는 것입니다. 이런 방법으로 적그리스도가 인간을 지배하려는 것입니다. 현재 유통되는 쌀알 모양의 칩이 시간이 지나면 그 크기가 작아지고 모양이 바뀔 수 는 있을지라도 그것이 짐승의 표라는 사실에는 변함이 없습니 다. 이처럼 컴퓨터의 기능을 알고 짐승의 표를 받게 하는 이유에 대하여 조금만 성찰을 하여도 베리칩이 짐승의 표인지를 쉽게 이해할 수 있는 것입니다.

그럼에도 불구하고 베리칩이 짐승의 표라는 것을 상세히 설명하는 이유는 베리칩이 짐승의 표가 아니라고 가르치는 자들이 있기 때문입니다. 어떤 목사들은 짐승의 표를 받아도 아무 문제가 없는데 그 이유는 나중에 회개하면 되기 때문이라고 가르치기도 합니다. 짐승의 표에 대하여 전혀 가르치지 않는 목사들도 많습니다. 이 세 부류의 교사들 즉 베리칩이 짐승의 표가 아니라고 하는 목사, 베리칩을 받아도 회개하면 된다고 하는 목사, 베리칩에 대하여 가르치지 않는 목사들은 깨어서 마지막 때를 준비하는 목사들은 아닙니다. 이들은 스스로 미혹되어 있고 교인들까지 미혹하려는 것이니 멀리할 것을 당부합니다.

20
짐승의 수를 계산해 보라

성경에는 숫자 666이 두 번 나옵니다. 한번은 요한계시록이고 다른 한 번은 열왕기상 10장 14절입니다. 솔로몬 왕이 주변 국가들로부터 조공을 받았는데 그 금액이 666중수금이었습니다. 이 금액은 한국 돈으로 환산하면 약 8천억 원 정도입니다. 성경에 언급된 돈의 액수 중에 가장 큰 금액입니다. 큰 재물은 멸망을 의미합니다.

먹고 입을 만큼의 재물이 주어지는 것은 복이지만 그 이상의 재물이 들어오는 것은 복도 저주도 아닙니다. 그 재물이 복이 될지 저주가 될지는 그 재물의 용도로 결정됩니다. 자신의 쾌락을 위하여 사용하고 미래를 위하여 저축하면 저주가 됩니다. 그러나 먹고 입는 것으로 족하고 가난한 자들을 위하여 사용하거나 하나님의 영광을 위한 용도로 계속 흘려 보내면 복이 되는 것입니다.

솔로몬은 은금을 많이 쌓지 말라는 계명을 지키지 않아 멸망했습니다. 666중수금이라는 금액의 숫자를 통하여 이미 그의 멸망이 예언 되었다고도 할 수 있으며 또한 구약의 시대에 이미 666은 멸망의 수인 것을 계시로 보여주었다는 영감을 받게 됩니다.

성경은 짐승의 표가 666인 것을 알기 위하여는 총명이 있어야 한다고 합니다. 이 말씀은 짐승의 수가 왜 666인지를 아는 것이 쉽지 않다는 의미도 됩니다. 실제로 그리 간단하지 않습니다. 성령께서 지혜를 주어야 짐승의 수가 666인지를 알 수 있습니다. 한글 성경의 대부분은 짐승의 수를 세어보라고 말씀하는데 대부분의 영어 성경은 짐승의 수를 계산해보라고 말씀합니다. 세어 보라는 표현보다는 계산해보라는 표현이 더 적절한 것임을 곧 알 수 있습니다. 그렇다면 짐승의 수가 666인지를 계산해서 풀어보겠습니다.

세상의 모든 수학은 10진법으로 계산됩니다. 그러나 오직 상품표시용 바코드에만 6진법을 사용하여 프로그램을 합니다. 한 때는 이 바코드를 666표라고 이해한 적도 있는데 근거가 전혀 없는 것은 아니었습니다. 짐승의 표는 인간을 상품화하고 노예화하는 표입니다. 그러니 이미 상품을 컴퓨터로 관리하는 프로그램에 6진법을 사용한 것이며 이에 대한 지식이 놀랍게도 짐승의 표가 666인 것을 계산할 수 있는 근거가 되었습니다.

영어 알파벳에 6진법을 적용해보겠습니다. 6진법을 알파벳에 적용한다는 것은 A=6, B=12, C=18…로 6씩 증가하는 숫자를 대입하는 것입니다. 그런 후 단어의 숫자들을 합산하는 것입니다.

육진법 영어 알파벳

A:6 B:12 C:18 D:24 E:30 F:36 G:42 H:48 I:54 J:60 K:66
L:72 M:78 N:84 O:90 P:96 Q:102 R:108 S:114 T:120
U:126 V:132 W:138 X:144 Y:150 Z:156

짐승의 표와 관련된 단어 몇가지를 적용하여 계산해보겠습니다.

COMPUTER: C(18) + O(90) + M(78) + P(96) + U(126) +
                 T(120) + E(30) + R(108) = 666
MARK OF BEAST: M(78) + A(6) + R(108) + K(66) + O(90) +
                 F(36) + B(12) + E(30) + A(6) + S(114) +
                 T(120) = 666
VERISHIELD: V(132) + E(30) + R(108) + I(54) + S(114) +

$$H(48) + I(54) + E(30) + L(72) + D(24) = 666$$

적그리스도 한 사람이 온 인류를 가장 쉽고 완벽하게 지배할 수 있는 방법이 컴퓨터칩을 인간의 몸에나 주입하는 것입니다. 그리하여 컴퓨터 앞에서 전 인류를 완벽하게 조종 통제하는 것입니다. COMPUTER라는 단어와 짐승의 표를 의미하는 영어 단어인 MARK OF BEAST를 계산하니 놀랍게도 666이 나왔습니다.

VERISHIELD는 컴퓨터칩을 가장 먼저 주도적으로 생산한 회사 이름입니다. 그 앞 글자를 따서 베리칩이라고 부른 것입니다. 이 회사의 이름도 계산을 해보니 666입니다. 이것은 우연이 아닙니다. 성경의 말씀이 응하는 것입니다. 이처럼 복잡한 과정을 거쳐 666이라는 숫자가 계산되므로 총명한 자만 이것을 풀어낼 수 있다고 말씀하는 것입니다.

"지혜가 여기 있으니 총명한 자는 그 짐승의 수를 세어 보라 그것은 사람의 수니 그의 수는 육백육십육이니라" (계 13:18).

지금까지 짐승의 표를 받지 말라는 말씀을 지킬 것과 현재 유통되는 베리칩이 짐승의 표라는 것과 숫자 666에 대하여도 풀어 보았습니다. 요한계시록의 가장 큰 나무를 줄기와 몸통과 가지와 이파리까지 상세히 관찰한 것입니다. 이 나무 한 그루만 잘 붙잡아도 여러분의 구원이 많이 가까워졌다고 할 수 있을 정도

로 중요한 것입니다. 마지막 때에 이 표를 받느냐 받지 않느냐
로 구원이 결정됩니다.

21
미혹의 주범들

주님께서 마태복음 24장에서 마지막 때의 징조를 말씀할 때 첫째로 미혹받지 말라고 하였습니다. 요한계시록 6장에서 첫째 인을 뗄 때 주어진 예언도 흰 말 타고 그리스도로 가장한 적그리스도가 교회에 거짓교사들을 보내어 미혹하고 또 미혹하려는 것을 비유로 표현한 것입니다. 주님께서 마태복음과 요한계시록을 통하여 미혹받지 않을 것을 가장 먼저 당부한 배경에는 지금까지도 수 많은 거짓 교사들이 교회 안에 있어 왔고 미혹이 범람하였지만 마지막 때에는 그 수위가 훨씬 높아질 것임을 경고하는 의미가 있습니다. 실제로 현재의 많은 한국 교회들이 진리를 바르게 가르치지 못하고 있습니다. 이미 미혹의 수준이 심각한 상태인데 앞으로는 더 악화될 것이라는 것입니다.

여러분은 교회 안에 거짓 사도, 거짓 선지자, 거짓 목사, 거짓 교사들이 창궐하고 있음을 깨달아야 합니다. 더 나아가 여러분이 섬기는 교회의 목사도 거짓 목사일 가능성이 있다는 것을 인정해야 합니다. 이 부분에 공감이 없으면 여러분은 이미 상당 수

준 미혹되었을 가능성이 큽니다. 문제를 해결하려면 그 문제가 무엇인지를 파악하는 것이 첫째인데 문제를 문제로 보지 못하면 그 문제는 해결이 요원한 것입니다.

여러분이 가장 당면한 문제가 여러분의 교회 목사를 잘 분별하는 것입니다. 거짓 교사는 교인을 지옥으로 끌고 가는 것이 목적인데 바리새인들처럼 스스로는 교인들을 천국으로 데려간다고 착각합니다. 미혹하는 자는 불교의 승이나 무슬림 교도들이 아닙니다. 교수나 정치가도 아닙니다. 역설적이게도 믿는 사람을 미혹하는 자는 믿는 사람들이며 그것도 주로 목사들이 그 일을 합니다.

거짓 교사의 폐해에 대하여는 신구약을 통하여 꾸준히 가르치고 있지만 교회 안에서는 거의 다루지 않고 있습니다. 왜냐하면 거짓 교사의 영을 가진 많은 목사들이 스스로에게 올무가 될 그러한 설교를 할 수는 없기 때문입니다. 그러나 주님은 심판을 앞두고 교회들에게 거짓 교사를 분별하고 용납하지 말 것을 여러 차례 명하였습니다.

양들은 목자와 운명을 함께합니다. 참 목자의 교인들은 주님 올 때 그 목자와 함께 모두 들림 받거나 대부분 들림 받습니다. 그러나 거짓 목자의 교인들은 그 목자와 함께 모두 또는 대부분 남겨질 것입니다. 이것이 성경이 보여 주는 목자와 양들과의 관계입니다. 그러니 여러분의 구원이 여러분이 섬기는 교회의 목사에게 달려 있다고 하여도 지나친 표현이 아닙니다. 그러므로

요한계시록이 쉽다

성경은 거짓 교사를 멀리하라고 그렇게 소리를 높여 가르치는 것입니다.

22

두 번째 큰 나무

"거짓교사를 잘 분별하고 용납하지 말라" 이것이 계시록의 두 번째 큰 나무입니다. 너무 중요하므로 일곱 교회 중 세 곳에 말씀하고 있습니다. 요한계시록 2장 2절을 보겠습니다.

"내가 네 행위와 수고와 네 인내를 알고 또 악한 자들을 용납하지 않은 것과 자칭 사도라 하되 아닌 자들을 시험하여 그의 거짓된 것을 네가 드러낸 것과"(계 2:2).

에베소 교회에게 거짓 사도를 드러낸 것을 칭찬하는 말씀입니다. 요한계시록 2장 14절을 보겠습니다.

"그러나 네게 두어 가지 책망할 것이 있나니 거기 네게 발람의 교훈을 지키는 자들이 있도다 발람이 발락을 가르쳐 이스라엘 자손 앞에 걸림돌을 놓아 우상의 제물을 먹게 하였고 또 행음하게 하였느니라"(계 2:14).

버가모 교회에게 발람의 교훈을 지키는 자들이 있음을 책망하는 말씀입니다. 발람은 거짓 선지자의 대명사로 성경에 가장 많이 인용되는 사람입니다. 요한계시록 2장 20절을 보겠습니다.

"그러나 네게 책망할 일이 있노라 자칭 선지자라 하는 여자 이세벨을 네가 용납함이니 그가 내 종들을 가르쳐 꾀어 행음하게 하고 우상의 제물을 먹게 하는도다"(계 2:20).

두아디라 교회에게 거짓 여자 선지자 이세벨을 용납한 것을 경책하는 말씀입니다. 이상으로 심판을 앞두고 세 교회에게 거짓 교사의 가르침으로 부터 멀리할 것을 말씀하였습니다.

성경은 하나님께서 거짓 교사를 심판할 때 그의 가르침을 듣는 자들도 함께 멸망당한다고 경고합니다. 예레미야 14장 15절, 16절을 보겠습니다.

"그러므로 내가 보내지 아니 하였어도 내 이름으로 예언하여 이르기를 칼과 기근이 이 땅에 이르지 아니하리라 하는 선지자들에 대하여 여호와께서 이와 같이 말씀하셨노라 그 선지자들은 칼과 기근에 멸망할 것이요 그들의 예언을 받은 백성은 기근과 칼로 말미암아 예루살렘 거리에 던짐을 당할 것인즉 그들을 장사할 자가 없을 것이요 그들의 아내와 아들과 딸이 그렇게 되리니 이는 내가 그들의 악을 그 위에 부음이니라"(렘 14:15-16).

이 말씀은 거짓 선지자와 그 말을 듣고 있던 자가 함께 멸망하는 것을 보여줍니다. 이것을 교회에 적용하면 거짓 목사의 설교를 듣고 있는 사람, 그 교회를 섬기고 있는 사람도 그 거짓 목사와 함께 망한다는 의미입니다. 이러한 말씀은 성경에 더 있습니다. 예레미야 20장 6절과 27장 15절을 보겠습니다.

> "바스훌아 너와 네 집에 사는 모든 사람이 포로되어 옮겨지리니 네가 바벨론에 이르러 거기서 죽어 거기 묻힐 것이라 너와 너의 거짓 예언을 들은 네 모든 친구도 그와 같으리라 하셨느니라" (렘 20:6).
>
> "이는 여호와의 말씀이니라 내가 그들을 보내지 아니하였거늘 그들이 내 이름으로 거짓을 예언하니 내가 너희를 몰아내리니 너희와 너희에게 예언하는 선지자들이 멸망하리라" (렘 27:15).

그러므로 심판을 앞두고 교회들에게 거짓 사도, 거짓 선지자, 거짓 목사, 거짓 교사들을 멀리하라고 당부를 하는 것입니다. 지혜를 가지십시오. 여러분의 교회의 목사가 분명하지 않으면 그 교회를 섬기지 마십시오. 바른 교회로 인도될 때까지 가정에서 예배드리십시오. 교회는 건물이 아닙니다. 믿는 사람 둘만 모이면 교회입니다. 이렇게 하는 것이 마지막 때를 사는 교인들의 지혜입니다. 여러분은 요한계시록의 울창한 숲에서 두 번째로 큰 나무를 보았습니다. 이 나무를 지나치고 구원받을 자가 없습니다. 그 나무는 바로 "거짓 목사에게 미혹되지 말라" 입니다.

23
영혼의 보약 회개

예수님께서 사역을 시작할 때 가장 먼저 한 말씀은 회개하라 였습니다. 주님의 길을 예비하기 위하여 보냄을 받은 세례 요한 이 가장 먼저 한 설교도 회개하라 천국이 가까웠느니라 였습니다. 열두 제자들이 사역을 시작하며 가장 먼저 전한 말도 회개하라는 것이었습니다. 가장 먼저 말씀하였다는 것은 가장 중요한 말씀이라는 의미가 있는 것입니다.

구약의 시대에 동물 제사법이 주어졌습니다. 죄를 사함받기 위하여 동물의 피를 흘려 제사를 지내야 했습니다. 그러나 이스라엘 백성들이 죄를 지을 때 하나님께서는 동물을 많이 잡을 것을 명하지는 않았습니다. 예를 들어 소 일곱 마리를 잡아야 할 제사를 백성들의 죄가 너무 크므로 서른 마리를 잡아야 한다고 명하지 않았습니다. 선지자들은 백성이 죄를 지을 때마다 회개하라고 했습니다. 구원받기 위하여 회개를 해야하는 것은 구약 시대나 신약 시대나 변하지 않았습니다.

우리는 예수를 믿어야 구원을 받습니다. 그러나 회개를 하고 예수를 믿어야 구원받는 것입니다. 그러므로 성경 신구약을 통틀어 가장 많이 반복하여 가르치는 말씀은 회개인 것입니다. 그리하여 이 회개의 가르침은 마지막 심판을 앞둔 교회들에게도 여전히 가장 중요한 메시지로 전해지고 있습니다. 일곱 교회 중에 다섯 교회가 회개하라는 책망을 받았습니다.

회개에 대하여는 그동안 많이 배웠고 그 중요성을 잘 인지하고 있을 것입니다. 그러니 자세한 설명은 하지 않겠습니다. 다만 휴거가 일어난 후에 땅에 남겨졌을 경우에 대하여 설명을 하겠습니다. 휴거가 발생하였는데 땅에 남겨졌다면 그 사람은 구원에 이를 만한 믿음이 없기 때문에 남겨진 것입니다. 다른 이유는 없습니다. 그러니 즉시 회개해야 합니다. 구원받을 만한 믿음이 있었다고 자만한 것도 회개해야 합니다. 그 외에도 삶의 거룩하지 않았던 것과 작은 계명이라도 모두 잘 지키지 않은 것 등 생각나는대로 회개를 하여 환난을 겪으면서라도 구원을 받아야 할 것입니다.

환난 중에 구원을 받기 위하여도 가장 첫째로 해야하는 것이 회개이며 회개에 합당한 열매를 맺는 것입니다. 이러한 사실을 머리로는 인식함에도 실제로 환난을 당하게 되면 회개하지 않고 하나님을 원망하게 됩니다. 요한계시록 9장 20절, 21절과 16장 9절, 11절을 보겠습니다.

"이 재앙에 죽지 않고 남은 사람들은 손으로 행한 일을 회개하지 아니하고 오히려 여러 귀신과 또는 보거나 듣거나 다니거나 하지 못하는 금, 은, 동과 목석의 우상에게 절하고" "또 그 살인과 복술과 음행과 도둑질을 회개하지 아니하더라" (계 9:20-21).

"사람들이 크게 태움에 태워진지라 이 재앙들을 행하는 권세를 가지

신 하나님의 이름을 비방하며 또 회개하지 아니하고 주께 영광을 돌리지 아니하더라" (계 16:9).

"아픈 것과 종기로 말미암아 하늘의 하나님을 비방하고 그들의 행위로 회개하지 아니하더라" (계 16:11).

이들은 하나님께서 심판하는 것을 알고 있음에도 너무 고통이 심하므로 하나님을 원망 하고 또한 사탄에게 이미 미혹되었음으로 우상을 섬기며 회개는 하지 않는 것입니다. 여러분은 절대로 이렇게 되지 않아야 합니다.

또 한 가지 유의해야 할 것은 휴거되지 못하고 남은 이유가 특별한 사명 때문이라고 해석하는 것에 관한 것입니다. 이것은 실제로 미혹되기 쉬운 말씀입니다. 왜냐하면 사람들은 자신이 구원받을 만한 믿음이 없어서 남겨진 사실을 인정하고 싶지 않을 것이기 때문입니다. 이 때에 휴거되지 못하고 남은 목사들은 이러한 말로 미혹할 가능성이 큽니다. 자신의 체면을 위하여도 그러한 말을 할 것입니다. 자신들은 구원받을 만한 믿음은 있지만 특별한 사명이 있어서 남겨진 것이라고 가르칠 것입니다. 그렇게 되면 큰 일인 것은 사람들이 회개를 하지 않을 것이기 때문입니다.

그러나 다시 한번 말씀드리지만 구원받은 사람들은 모두 휴거합니다. 물론 환난을 겪으면서 인내하여 구원받는 성도들도 많이 있을 것입니다. 그러나 이들도 처음에는 구원받을 만한 믿음이 없다가 다시 회개하고 구원을 받게 되는 것입니다. 이처럼 영혼이 구원받기 위하여 회개만큼 중요한 것이 없습니다. 그러니 회개는 영혼의 보약인 것입니다.

24
세 번째 큰 나무

"회개하라" 이것이 요한계시록의 세 번째 큰 나무입니다. 일곱 교회 중에 다섯 교회가 회개하라는 책망을 들었습니다. 그 내용을 살펴보겠습니다.

"그러므로 어디서 떨어졌는지를 생각하고 회개하여 처음 행위를 가지라 만일 그리하지 아니하고 회개하지 아니하면 내가 네게 가서 네촛대를 그 자리에서 옮기리라"(계 2:5).
"그러므로 회개하라 그리하지 아니하면 내가 네게 속히 가서 내 입의 검으로 그들과 싸우리라"(계 2:16).
"또 내가 그에게 회개할 기회를 주었으되 자기의 음행을 회개하고자 하지 아니하는도다"(계 2:21).
"그러므로 네가 어떻게 받았으며 어떻게 들었는지 생각하고 지켜 회개하라 만일 일깨지 아니하면 내가 도둑 같이 이르리니 어느 때에 네게 이르는지 네가 알지 못하리라"(계 3:3).

"무릇 내가 사랑하는 자를 책망하여 징계하노니 그러므로 네가 열심을 내라 회개하라"(계 3:19).

회개는 지금 당장하는 것입니다. 왜냐하면 오늘 밤에 우리의 영혼이 어떻게 될지 모르기 때문입니다. 왜냐하면 잠시 잠깐 후면 주님이 올지 모르기 때문입니다. 그리고 회개는 마음으로 뉘우치고 하나님께 죄를 고백하는 것으로 그치는 것이 아닙니다. 회개는 그에 합당한 열매를 맺는 것입니다. 즉 회개는 자신이 죄인임을 깨닫고 생각과 말과 행동과 삶이 거룩하게 바뀌는 것입니다. 그리하여 다른 사람들도 여러분이 회개한 것을 모두 알아야 합니다. 이것이 진정한 회개이고 회개에 합당한 열매를 맺는 것입니다.

일곱 교회에게 보낸 편지는 마지막 심판을 앞두고 멸망 받지 않도록 잘 준비하라는 경고입니다. 그 경고의 핵심이 바로 회개입니다. 회개는 성경 전체를 통틀어 구원을 위한 가장 중요한 메시지인데 마지막 책인 요한계시록에서도 계속 말씀합니다.

25
소중한 세 나무

요한계시록의 울창한 밀림을 공중에서 또렷하게 보았고 내려와서 숲을 보기 시작하였습니다. 그 중에서도 탁월하게 솟은 세 그루의 나무를 자세히 관찰하였습니다. 여기까지 보았다면 요한계시록의 여행은 거의 모두 마쳤다고 해도 과언이 아닙니다. 왜냐하면 요한계시록의 전체 줄거리에 대한 맥을 잡았고 그 중에서도 지켜야 할 핵심 메시지를 배웠기 때문입니다. 특별히 숲 속의 세 그루 나무만 잘 붙잡아도 여러분은 이 책을 읽은 보람이 있는 것입니다. 이 세가지 지켜 행할 것은 너무 중요하므로 노트에도 적고 마음판에도 새기기 바랍니다.

1) 짐승의 표를 받지 말라
2) 거짓 목사에게 미혹되지 말라
3) 회개하라

결국은 이 세 가지를 잘 지켜 행하기 위하여 요한계시록을 공부하는 것입니다. 그러니 어렵고 복잡한 부분에 대한 지식이 조금 부족하게 느껴져도 너무 상관하지 마십시오. 적그리스도와 거짓 선지자가 누구인지, 십사만 사천 명에 왜 단 지파가 제외되었는지, 환난 중에 숨진 성도들은 언제 부활하는지 등에 대한 것은 여러분의 구원과는 별로 상관이 없는 지식입니다.

그렇다고 그러한 것에 대하여 잘 배우는 것이 중요하지 않다고 말하는 것은 아닙니다. 요한계시록의 상세한 부분까지 잘 아는 것은 좋은 것입니다. 또한 계속하여 그러한 것에 대하여 공부를 할 것입니다. 그러나 여기서 강조하려는 것은 마지막 때에 계시록의 말씀을 깨닫고 그대로 지켜 행하는 것이 중요하다는 것을 말씀드리는 것입니다. 그러한 관점에서 보면 지금까지 여러분은 요한계시록의 노른자위는 모두 소화한 것입니다.

26
성령으로만 볼 수 있는 나무들

요한계시록을 혼자서 공부하기는 매우 어렵습니다. 그러나 성령께서 풀어 주면 그리 어렵지 않은 것이 요한계시록입니다. 세가지 중요한 지켜 행할 일을 깨닫는 것도 그리 간단한 일은 아니지만 성령의 인도함을 따라 배워보니 쉬운 것이었습니다. 행하는 믿음도 마찬가지입니다. 진리대로 행하는 것이 너무 어렵게 여겨집니다. 그러나 성령으로 충만하면 오히려 진리대로 행하지 않는 것이 너무 어렵습니다.

단두대 앞에서도 믿음을 지키는 것이 쉬운 것은 아닙니다. 성령에 매이지 않으면 베드로처럼 부인할 수도 있습니다. 거짓 목사를 분별하는 것도 쉽지 않습니다. 자신의 삶이 거룩하지 않으면 거짓 목사에게로 인도되고 그 사람이 거짓 목사인지 분별도 못한채 함께 멸망할 수 있습니다. 고집으로 회개하지 않는 경우가 많습니다. 작은 죄도 모두 찾아내어 회개하여야 합니다. 환난 중에는 고통이 너무 심하므로 회개하지 않고 하나님을 원망하게 됩니다.

　그러니 여러분이 집중해야하는 것은 말씀을 지켜 행할 수 있는 믿음을 가지는 것입니다. 하나님의 영으로 인도함을 받지 않으면 이러한 믿음을 유지할 수 없습니다. 말씀과 기도와 금식과 전도와 거룩한 삶에 온 힘과 정성과 시간을 쏟을 때 여러분은 성령으로 충만해지며 이러할 때 회개하게 되고, 거짓 목사가 분별되고, 짐승의 표를 받지 않게 되고 구원 받는 것입니다. 성령이 없이는 눈 앞에 우뚝 솟은 나무들도 보지 못하고 나무들이 있는지 알지도 못한채 숲 속에서 길을 잃게 될 것입니다. 이 세 그루의 나무는 성령의 조명으로만 보여지는 특별한 나무들입니다.

Revelation's
Secrets

III
숲 속의 미로를 헤쳐 가라

27
인침을 받은 십사만 사천

휴거 후 심판을 시작하면서 하나님께서 가장 먼저 행하는 일이 있습니다. 그것은 이스라엘 열두 지파 십사만 사천을 인치는 것입니다. 각 지파별로 일만 이천씩 성령을 부어주는 것입니다.

"이르되 우리가 우리 하나님의 종들의 이마에 인치기까지 땅이나 바다나 나무들을 해하지 말라 하더라" "내가 인침을 받은 자의 수를 들으니 이스라엘 자손의 각 지파 중에서 인침을 받은 자들이 십사만 사천이니"(계 7:3-4).

이들은 휴거가 일어날 때 구원받지 못하여 땅에 남겨진 이스라엘 사람들인데 하나님께서 강권적으로 성령세례를 받게 합니다. 이들은 이스라엘에서 3년 반 동안 복음을 전하는 사명을 감당할 것입니다. 왜냐하면 성령을 부어주는 주요 목적이 예수를 증거하기 위한 것이기 때문입니다. 하나님께서 심판을 시작하면서 가장 먼저 이스라엘 사람 십사만 사천에게 성령을 부어주는 것은 하나님께서 아직도 이스라엘을 마음에 우선적으로 두고 있다는 것을 반영하는 것입니다.

이스라엘이 하나님의 장자된 백성이고 제사장된 나라이고 첫 열매된 민족이고 감람나무의 원가지인 사실이 마지막 때까지도 유효하다는 의미입니다. 또한 이 인침은 온 이스라엘이 구원받을 것이라는 예언 성취의 시발점이기도 합니다.

"그리하여 온 이스라엘이 구원을 받으리라 기록된 바 구원자가 시온에서 오사 야곱에게서 경건하지 않은 것을 돌이키시겠고" "내가 그들의 죄를 없이 할 때에 그들에게 이루어질 내 언약이 이것이라 함과 같으니라" (롬 11:26-27).

인침을 받은 십사만 사천은 미혼의 남자들로서 거짓과 흠이 없는 사람들입니다. 이들은 14장에 등장하는 십사만 사천과 동일한 사람들입니다. 이마에 어린 양의 이름이 있다는 것과 사람의 수가 같다는 사실이 그것을 증명합니다.

"또 내가 보니 보라 어린 양이 시온 산에 섰고 그와 함께 십사만 사천이 서 있는데 그들의 이마에는 어린 양의 이름과 그 아버지의 이름을 쓴 것이 있더라" (계 14:1).

이들은 천국에서 찬양을 합니다. 이 때는 전반 3년 반의 환난이 끝났을 때입니다. 그러므로 이들은 3년 반 동안 사역을 하고 천국으로 올라 간 것입니다. 즉 이들은 휴거를 하여 천국의 찬양대로 서 있는 것입니다. 이들은 이스라엘에서 3년 반 동안 있었으므로 죽지 않았습니다. 왜냐하면 전반 3년 반 환난 기간 동안 이스라엘은 보호를 받기 때문입니다. 그러므로 이들은 모두 살아있다가 휴거를 한 것입니다.

요한계시록에 감추어진 또 한번의 휴거입니다. 아마도 이들은 두 증인이 승천할 때 함께 올라갈지도 모릅니다. 왜냐하면 그 시기가 전반 3년 반의 환난이 끝날 때로 일치하기 때문입니다.

28
적그리스도는 단 지파에서

이스라엘 지파를 열두 지파라고 부릅니다. 그러나 어떻게 분류하느냐에 따라 열세 지파도 됩니다. 왜냐하면 장자권을 받은 요셉의 두 아들 므낫세와 에브라임이 지파가 되었기 때문입니다. 즉 요셉 지파를 에브라임과 므낫세 또는 요셉과 므낫세로 구분하여 수를 세면 모두 열세 지파가 되는 것입니다. 그러나 성경에는 열세 지파라는 언급은 한번도 없습니다. 계시록 7장에도 열두 지파가 인침을 받습니다. 요셉 지파와 므낫세 지파가 함께 보이므로 모두 열세 지파이어야 하는데 열두 지파만 언급되었습니다. 한 지파가 제외되어 있는 것입니다. 이 제외된 한 지파는 단 지파입니다. 단 지파가 제외된 이유를 설명하려면 창세기에서 야곱이 단에게 준 예언을 참고해야 합니다. 창세기49장 17절을 보겠습니다.

"단은 길섶의 뱀이요 샛길의 독사로다 말굽을 물어서 그 탄 자를 뒤로 떨어지게 하리로다"(창 49:17).

뱀은 사단을 의미하는데 이 구절에 두 번이니 언급이 됩니다. 이 뱀이 말 탄 자의 말굽을 물어 떨어지게 한다고 합니다. 여기서 말 탄 자는 예수 그리스도를 상징합니다. 즉 단 지파에서 예수 그리스도를 공격하는 자 즉 적그리스도가 나온다는 것이 예언되어 있는 것입니다. 이것은 마치 예수를 판 자가 열두 제자 중에서 나온 것과 묘한 공통성을 가집니다. 예수를 판 자가 이방인이나 로마 군인이 아니라 유대인인데 그 중에서도 예수의 열두 제자 중에 하나인 것입니다.

이러한 사실을 미루어 보면 가롯 유다도 단 지파일 가능성이 높다고 추정해 볼 수 있을 것입니다. 많은 사람들이 적그리스도가 무슬림이나 천주교나 기타 이방인 중에서 나온다고 말을 하지만 이 구절을 풀어보면 적그리스도는 유대인 중에서 나오며 그것도 단 지파에서 나온다는 영감을 받을 수 있습니다.

참고로 말씀드리면 러시아를 포함한 전 유럽과 미국은 유대인들에 의해 권력이 장악되어 있습니다. 세계 최고의 부자이며 뉴월드오더를 주도하는 로스차일드와 록펠러도 유대인입니다. 공산주의 사상을 만든 러시아의 칼 마르크스와 레닌도 유대인이고 기독교인을 엄청나게 학살한 스탈린도 유대인이고 현 러시아 대통령인 푸틴도 유대인입니다. 그러나 이들은 스스로 유대인인 것을 잘 드러내지 않습니다.

러시아 볼세비키 혁명을 주도한 오백 여명 중 팔십 퍼센트 이 상이 유대인이었습니다. 즉 하나님을 대적하는 공산주의가 사실 은 유대인에 의해서 만들어진 것입니다. 이러한 역사적 사실도 적그리스도가 유대인 중에서 나온다는 성경적인 해석을 뒷받침 해 주고 있습니다.

기독교인을 단 시간에 가장 많이 죽인 단체는 공산주의자들 입니다. 공산주의는 1970년대까지 약 70년간 삼천만 명 이상의 기독교인들을 죽였습니다. 대표적인 국가들이 소련, 중국, 북한, 캄보디아, 베트남입니다. 그 중에서도 소련의 스탈린이 이천만 명으로 가장 많이 죽였습니다. 이러한 기독교 탄압의 역사적인 사건들은 공산주의 국가에서 적그리스도가 나올 것이라는 힌트 를 제공합니다. 그 지도자는 유대인이며 단 지파일 것입니다. 이 러한 이유 즉 적그리스도가 단 지파에서 나오므로 인침을 받는 십사만 사천에서는 제외시킨 것입니다.

29
십사만 사천의 미로에서 나오라

인침을 받은 십사만 사천에 대한 다른 이론들을 모두 제하고 여러분은 이제 이정표가 확실한 길로 들어섰습니다. 계시록의 숲에는 방향을 잘못 인도할 수 있는 미로들이 있습니다. 그 중에 하나가 십사만 사천을 교회로 해석하고 상징적인 숫자로 보는 것입니다. 그러나 성경은 사람의 숫자를 상징으로 사용한 적이 한 번도 없습니다. 십사만 사천을 교회로 해석하는 것은 교회에서 아무 저항 없이 받아들이는 일반적인 잘못된 가르침인데 대체신학의 가엾은 산물입니다. 교회를 영적 이스라엘이라는 이상한 표현을 사용하여 이스라엘이 교회로 대체된 듯이 진리를 혼잡하게 하는 것입니다.

지금도 이스라엘은 이스라엘이고 교회는 교회입니다. 이것은 서로 다른 것이기 때문에 비교를 할 수도 없고 대신할 수도 없는 주제인 것입니다. 다른 두 주제를 하나로 섞으려는 어리석은 시도에서 교회는 돌이켜야 합니다. 이러한 잘못된 가르침이 이단이 횡행하도록 하는 근거를 제공하는 것입니다. 교회가 십사만 사천이 이스라엘 열두 지파라고 바르게 가르치면 자신들에게 와야 십사만 사천에 포함되어 구원받는다는 이단들이 발을 못 붙일 것입니다. 즉 교회는 이중으로 죄를 짓는 것입니다. 십사만 사천을 잘못 해석하는 죄 외에 이단이 만들어질 근거를 제공하는 죄도 짓는 것입니다.

이제 교회는 출구를 알 수 없는 이러한 미혹의 길에서 돌이켜야 할 것입니다. 여러분은 요한계시록의 숲 속에 숨어 있는 "인침을 받은 십사만 사천이 구원받은 교회나 성도의 상징이다"라는 큰 미로에 빠져들지 않게 되었습니다. 또한 열두 지파에 단 지파가 포함되지 않은 이유와 적그리스도가 유대인 중에서 나올 것이라는 계시도 열렸습니다. 이것은 숲 속의 작은 나무들이지만 하나씩 관찰하는 재미가 나쁘지 않습니다.

30
십이 장의 여자는 이스라엘

12장에는 해를 옷 입은 한 여자가 등장합니다. 이 여자는 광야로 도망하여 3년 반 동안 양육을 받습니다. 12장의 이야기는 모두 비유와 상징으로 이루어져 있습니다. 그러므로 해석이 필요합니다. 그 해석은 그리 어렵지 않습니다.

"하늘에 큰 이적이 보이니 해를 옷 입은 한 여자가 있는데 그 발 아래에는 달이 있고 그 머리에는 열두 별의 관을 썼더라" "이 여자가 아이를 배어 해산하게 되매 아파서 애를 쓰며 부르짖더라" (계 12:1-2).

해와 달과 열두 별이 이 여자를 둘러싸고 있습니다. 이 모습은 창세기에 요셉이 꾼 꿈을 상기 시킵니다. 창세기 37장 9절, 10절을 보겠습니다.

"요셉이 다시 꿈을 꾸고 그의 형들에게 말하여 이르되 내가 또 꿈을 꿈즉 해와 달과 열한 별이 내게 절하더이다 하니라" "그가 그의 꿈을 아버지와 형들에게 말하매 아버지가 그를 꾸짖고 그에게 이르되 네가 꾼 꿈이 무엇이냐 나와 네 어머니와 네 형들이 참으로 가서 땅에 엎드려 네게 절하겠느냐" (창 37:9-10).

야곱이 요셉의 꿈을 해석한 것을 적용하면 계시록 12장의 여자는 이스라엘이라는 것을 쉽게 알 수 있습니다. 해는 야곱이고 달은 야곱의 부인이고 별들은 야곱의 아들들 즉 이스라엘 열두 지파인데 여자가 이러한 해, 달, 별로 몸을 두르고 있습니다. 그러니 이 여자는 이스라엘을 상징하는 것입니다. 그리고 이 여자가 낳은 아이는 예수 그리스도이므로 이 여자가 이스라엘이라는 것은 더욱 분명해지는 것입니다.

12장은 전체 이야기가 이스라엘이 전반 3년 반 환난 기간 동안 보호를 받고 예수를 믿게 되는 것을 상징으로 묘사한 것입니다. 전반 3년 반 동안 온 인류가 두 증인의 심판을 받아 고통 중에 있는데 오직 이스라엘만 그러한 환난을 받지 않는 것입니다. 이스라엘의 땅 안에 있는 한 이스라엘 사람들은 보호를 받습니다. 이러한 이야기를 비유로 표현한 것이 12장의 이야기입니다.

31

유대인은 이스라엘 땅에 있어야 구원

12장의 중요한 핵심 두 가지 중 하나는 여자로 상징된 이스라엘이 전반 3년 반의 환난 기간 동안에 보호를 받으며 모두 예수를 믿게 된다는 것이며 다른 하나는 반드시 이스라엘 영토 안에 있어야 보호받는다는 것입니다.

"그 여자가 광야로 도망하매 거기서 천이백육십 일 동안 그를 양육하기 위하여 하나님께서 예비하신 곳이 있더라"(계 12:6).

"그 여자가 큰 독수리의 두 날개를 받아 광야 자기 곳으로 날아가 거기서 그 뱀의 낯을 피하여 한 때와 두 때와 반 때를 양육받으매"(계 12:14).

"여자의 뒤에서 뱀이 그 입으로 물을 강 같이 토하여 여자를 물에 떠내려가게 하려 하되" "땅이 여자를 도와 그 입을 벌려 용의 입에서 토한 강물을 삼키니"(계 12:15-16).

양육받는다는 의미는 보호받고 예수를 믿도록 가르침을 받는 것입니다. 위의 구절 중에서 특별히 집중해야 할 단어는 광야와 땅입니다. 여기서 광야와 땅은 이스라엘 영토를 의미하는 것입니다. 이곳이 하나님께서 이스라엘 백성을 구원하기 위하여 예비한 곳입니다. 가나안은 구원의 땅을 상징합니다. 마지막 때에 이스라엘 백성은 이스라엘 안에 있어야 구원받는 것입니다. 에스겔서에도 이스라엘 백성을 이방 땅으로부터 모두 나오게 하여 고국으로 돌아오게 한다고 예언하고 있습니다. 에스겔 37장 12절을 보겠습니다.

> "그러므로 너는 대언하여 그들에게 이르기를 주 여호와께서 이같이 말씀하시기를 내 백성들아 내가 너희 무덤을 열고 너희로 거기에서 나오게 하고 이스라엘 땅으로 들어가게 하리라"(겔 37:12).

무덤을 열고 거기서 나오게 한다는 표현에는 이방 땅에 거주하면 무덤에 있는 것 즉 죽은 것이나 다름 없다는 의미가 있는 것입니다. 다시 말하면 이스라엘 백성은 이스라엘 땅 안에 있어야 구원받는다는 것입니다. 물론 이스라엘 사람도 예수를 믿는다면 어디에 있어도 구원을 받을 것입니다. 그러나 이스라엘 사람들은 세상 어디에 살아도 예수를 믿는 사람이 거의 없습니다. 그러나 이들이 예수를 믿지 않은 상태에도 주님이 오면 모두 구원을 받을 수 있는데 이스라엘 영토 안에 있어야 구원받는 것입니다.

고대에도 하나님께서는 이스라엘 백성이 어떤 이유이든지 다른 나라로 가는 것을 금하였습니다. 아브람이 기근으로 애굽에 갔다가 아내 사라를 뺏기는 환난을 당하였습니다. 나오미도 기근때문에 모압으로 이주를 하였다가 남편과 두 아들을 모두 잃었습니다. 예루살렘이 바벨론에게 멸망 당한 후 하나님은 이스라엘에 남아있는 백성들에게 이스라엘을 떠나지 말 것을 예레미야를 통하여 당부하였습니다. 혹시 애굽으로 가면 벌하겠다고 하였는데 듣지 않고 애굽으로 갔다가 많은 이스라엘 사람들이 죽임을 당하였습니다.

하나님은 가나안을 축복의 땅, 구원의 땅으로 지정을 하였으므로 이스라엘 백성은 그 안에 있어야 복을 받고 구원을 받는 것입니다. 그러므로 요한계시록 12장에서 이스라엘로 상징되는 여자가 이스라엘 영토를 상징하는 광야에서 양육을 받고 사탄이 물로 공격을 할 때에 이스라엘 영토를 상징하는 땅이 여자를 구원한다고 비유로 말씀하는 것입니다. 너무 중요하므로 세 차례나 언급을 하고 있는 것입니다.

32
대체신학의 미로

여기에 또 다른 미로가 있습니다. 그것은 많은 사람들이 이 여자를 교회로 해석하는 것입니다. 이 여자가 교회라면 교회가 예수를 낳은 것이 됩니다. 그러나 이것은 논리적으로 납득이 안가는 것입니다. 오히려 예수가 교회를 낳았다고 하면 말이 되는 것입니다. 왜냐하면 그리스도께서 피값으로 교회를 샀기 때문입니다. 그러나 교회가 예수를 낳았다는 것은 도무지 말이 안되는 것입니다. 이렇게 간단하게 논리적으로 검증하여도 이 여자는 교회가 될 수 없는 것입니다.

그럼에도 불구하고 교회들은 이 여자를 교회라고 계속 우기고 있습니다. 그런 후에 여자가 3년 반 광야에서 양육받는 것을 교회가 3년 반 환난 기간 동안 광야 생활하는 것이라고 해석을 합니다. 이렇게 하는 것은 대체신학의 귀신이 계시록의 여기 저기에 미로를 만들어 놓고 길을 잃게 하려는 것입니다. 그러나 12장을 자세히 풀어 봄으로 해를 옷 입은 여자는 이스라엘이라는 것이 분명해졌습니다.

33
별자리로 풀지 말라

계시록 12장 1, 2절의 말씀을 실제 별자리의 움직임으로 설명하는 시도가 많이 있습니다. 해와 달의 위치와 열 두별의 움직임을 연구하여 예수님 오는 날을 예견하기도 합니다. 그러나 이렇게 하는 것은 성경적이지도 않고 자칫 잘못하면 점성술을 하는 죄를 짓는 결과가 될 수도 있습니다. 하나님께서 창세기 1장 14절을 통하여 하늘의 광명체가 어떤 징조를 알리는 도구로 쓰인다는 것을 말씀한 것은 사실입니다. 그러나 성경이 말씀하는 광명체의 징조는 매우 단순합니다. 해와 달이 어두워지면 심판이 오는 것이고 해와 달이 밝으면 구원이 오는 것입니다.

절기를 연구하면 유월절과 초막절에만 환하게 빛나는 보름달이 뜨는 것을 알 수 있는데 그 이유는 이 두 절기는 구원을 상징하기 때문입니다. 그리고 구약의 예언서에는 심판이 시작될 때 해와 달이 어두워진다는 표현이 여러 차례 나옵니다. 즉 날이 어두우면 심판, 날이 밝으면 구원을 의미하는 것으로 광명체가 매우 단순한 징조로 사용되는 것입니다. 또 다른 한 가지는 예수님 탄생시 동방박사들을 예루살렘으로 인도하는데 별이 사용되었다는 것입니다. 이러한 몇 가지 외에는 성경이 특별히 별자리에 대하여 예언하거나 풀어 설명한 예가 없습니다.

또한 별들의 이름은 그리스, 로마 신화에 등장하는 신들의 이름으로 되어있습니다. 쥬피터나 비너스등 이방신의 이름을 불러가며 성경을 해석하고 마지막 때를 예언하는 자체가 난센스인 것입니다. 12장의 해와 달과 별들은 이스라엘을 상징으로 표현한 이상도 그 이하도 아닙니다. 그러니 혼잡하게 하는 별자리 사설은 듣지도 보지도 말고 무시하십시오.

지금까지 살펴 본 것처럼 대체신학의 미로가 여기저기 널려있고 별자리로 유인하여 길을 잃게 하려고 합니다. 그러나 이제는 분별하는 안목이 생겼습니다. 미로를 잘못 보고 들어가서 방황하지 않아야 합니다. 요한계시록의 숲 속에서 길을 잃지 않아야겠습니다.

34
다니엘서는 끝 날에 관한 예언서

　다니엘은 꿈과 환상을 통하여 다섯 차례나 적그리스도를 상징하는 제국들에 대한 예언을 하였습니다. 다니엘은 바벨론 이후의 여러 제국들에 대하여 예언을 하였는데 그 제국들 중에는 바사, 헬라, 로마는 물론 현재의 미국, 러시아, 그리고 적그리스도의 나라와 천년왕국까지 망라 되어있습니다. 이처럼 다니엘서는 요한계시록과 마찬가지로 세상 끝날에 대한 예언서입니다. 다니엘서 스스로가 그렇다고 말씀하고 있습니다.

"그가 내가 선 곳으로 나왔는데 그가 나올 때에 내가 두려워서 얼굴을 땅에 대고 엎드리매 그가 내게 이르되 인자야 깨달아 알라 이 환상은 정한 때 끝에 관한 것이니라" (단 8:17).

"이르되 진노하시는 때가 마친 후에 될 일을 내가 네게 알게 하리니 이 환상은 정한 때 끝에 관한 것임이라" (단 8:19).

"이제 내가 마지막 날에 네 백성이 당할 일을 네게 깨닫게 하러 왔노라 이는 이 환상이 오랜 후의 일임이라 하더라" (단 10:14).

"마지막 때에 남방 왕이 그와 힘을 겨룰 것이나 북방 왕이 병거와 마병과 많은 배로 회오리바람처럼 그에게로 마주 와서 그 여러 나라에 침공하여 물이 넘침 같이 지나갈 것이요" (단 11:40).

이처럼 다니엘서에는 마지막 끝날에 관한 예언이라는 말씀이 여러 차례 언급되어 있습니다. 환난 기간에 대한 공부를 할 때 다니엘서의 맨 끝 부분의 1,290일과 1,335일에 대한 비밀을 푼 기억이 있습니다. 이것도 환난이 모두 끝나고 천년왕국이 열리는 날에 대한 예언 즉 세상 끝에 관한 예언이었다는 것을 상기할 수 있습니다. 이처럼 다니엘서는 철저히 마지막 때에 관한 예언입니다. 그러니 다니엘서를 모르고 요한계시록을 알 수 없는 것입니다.

35
북방 왕과 남방 왕의 전쟁

다니엘서의 끝 날에 대한 예언의 말씀 중에서 다니엘 11장에 등장하는 남방 왕과 북방 왕에 대한 예언에 대하여 살펴보겠습니다. 보통은 다니엘서의 남방 왕은 이집트로 북방 왕은 시리아로 해석을 합니다. 그리고 상세한 예언의 내용들이 모두 성취되었다고도 말합니다. 그러나 지금 우리가 다루려는 것은 다니엘서의 북방 왕과 남방 왕이 지금의 어느 국가를 상징하는지에 관한 것입니다.

왜냐하면 다니엘 11장 40절이 마지막 때에 남방 왕과 북방 왕이 겨룬다고 말씀하고 있기 때문입니다. 분명한 것은 이집트와

시리아는 마지막 때에 힘을 겨룰 두 나라는 아니라는 사실입니다. 몇 구절들을 살펴보며 이 나라들이 지금의 어느 국가를 상징하는지를 파악해보겠습니다. 다니엘 11장 25절을 보겠습니다.

"그가 그의 힘을 떨치며 용기를 다하여 큰 군대를 거느리고 남방 왕을 칠 것이요 남방 왕도 심히 크고 강한 군대를 거느리고 맞아 싸울 것이나 능히 당하지 못하리니 이는 그들이 계략을 세워 그를 침이니라"(단 11:25).

여기서 그는 북방 왕을 가리키며 북방 왕이 큰 군대로 남방 왕을 쳐서 이긴다고 합니다. 남방 왕도 크고 강한 군대를 가졌는데 북방 왕의 계략으로 말미암아 전쟁에서 집니다. 다음은 11장 31절을 보겠습니다.

"군대는 그의 편에 서서 성소 곧 견고한 곳을 더럽히며 매일 드리는 제사를 폐하며 멸망하게 하는 가증한 것을 세울 것이며"(단 11:31).

여기서 군대는 북방 왕의 군대를 의미합니다. 북방 왕의 군대가 하나님의 성전을 더럽히고 제사를 폐하고 자신의 우상을 그 성전에 세운다는 것입니다. 다음은 11장 40절을 보겠습니다.

"마지막 때에 남방 왕이 그와 힘을 겨룰 것이나 북방 왕이 병거와 마병과 많은 배로 회오리바람 처럼 그에게로 마주 와서 그 여러 나라에 침공하여 물이 넘침 같이 지나갈 것이요" (단 11:40).

이 구절에도 북방 왕이 남방 왕과 겨루어 이길 뿐더러 여러 나라를 침공하여 정복한다고 합니다. 다음은 11장 41절에서 43절까지를 보겠습니다.

"그가 또 영화로운 땅에 들어갈 것이요 많은 나라를 패망하게 할 것이나 오직 에돔과 모압과 암몬 자손의 지도자들은 그의 손에서 벗어나리라" "그가 여러 나라들에 그의 손을 펴리니 애굽 땅도 면하지 못할 것이니" "그가 권세로 애굽의 금은과 모든 보물을 차지할 것이요 리비아 사람과 구스 사람이 그의 시종이 되리라" (단 11:41-43).

여기서 영화로운 땅은 이스라엘을 의미합니다. 즉 북방 왕이 이스라엘을 정복하고 애굽, 리비아, 이디오피아 등 많은 나라를 패망하게 하는데 중동 지역의 몇 나라들은 정복하지 않는다고 합니다. 여기서 에돔과 모압과 암몬은 지금의 시리아와 요르단 지역을 의미합니다. 다음은 11장 45절과 12장 1절을 보겠습니다.

"그가 장막 궁전을 바다와 영화롭고 거룩한 산 사이에 세울 것이나 그의 종말이 이르리니 도와줄 자가 없으리라" "그 때에 네 민족을 호위하는 큰 군주 미가엘이 일어날 것이요 또 환난이 있으리니 이는 개국 이래로 그 때까지 없던 환난일 것이며 그 때에 네 백성 중 책에 기록된 모든 자가 구원을 받을 것이라"(단 11:45-12:1).

이 구절을 NIV 성경으로 보면 북방 왕이 바다와 바다 사이 즉 지중해와 사해 사이의 산에 자신의 궁전을 세운다고 하는데 그 장소는 바로 시온산입니다. 이 말씀은 예루살렘 성전이 북방 왕에게 점령당하는 것을 의미하는 것입니다. 이 때에 북방 왕의 종말이 이르는데 이것은 예수께서 재림하여 적그리도를 진멸하는 것을 의미하는 것입니다. 즉 북방 왕이 적그리스도인 것입니다.

36
성경에 예언된 미국과 러시아

이상으로 다니엘이 본 마지막 환상에 등장하는 북방 왕과 남방 왕에 대하여 살펴보았습니다. 그렇다면 지금까지의 설명에 근거하면 이 두 왕이 지금 지구상의 어떤 나라들이 겠습니까? 우선 북방 왕이 어느 국가인지를 지금까지 살펴본 북방 왕의 특징을 종합하여 알아 보겠습니다.

첫째, 북방 왕은 크고 강한 군대를 가지고 여러 나라를 침공합니다.

둘째, 남방 왕이라는 또 다른 강한 경쟁 국가가 존재하며 그 나라를 쳐서 이깁니다.

셋째, 이스라엘을 침공하여 정복하지만 중동의 몇 나라는 침공하지 않습니다.

넷째, 예루살렘 성전을 더럽히며 마지막에는 멸망합니다.

다섯째, 북방 왕이므로 지구의 북쪽에 위치해야 할 것입니다.

이상으로 다니엘의 환상에 나타난 북방 왕의 특징을 종합해 보았습니다. 먼저 언급한 것처럼 러시아와 미국이 성경에 예언되어 있는 것입니다. 북방 왕은 러시아이며 남방 왕은 미국입니다. 세계 지도를 보면 미국 본토의 북쪽 국경과 러시아의 남쪽 국경이 거의 일직선 상에 있는 것을 알 수 있습니다. 즉 지리적으로도 북방 왕과 남방 왕의 구분이 되고 있는 것입니다.

이 두 제국이 마지막 때에 전쟁을 하고 이 전쟁에서 승리한 자가 전세계를 마지막 7년 동안 다스릴 적그리스도가 되는 것입니다. 이 전쟁은 핵전쟁이며 휴거 후에 벌어집니다. 그 전쟁으로 인류의 삼분의 일이 순식간에 죽는다고 요한계시록 9장 15절과 18절에 예언되어 있습니다.

이상으로 살펴본 것처럼 다니엘서는 마지막 때에 관한 예언이며 제국의 흥망에 대한 예언입니다. 마지막 때의 가장 큰 두 제국인 러시아와 미국이 이천오백 년 전에 이미 예언되어 있었습니다. 러시아와 미국이 큰 전쟁을 할 것이며 그 전쟁에서 러시아가 승리하는 것도 예언되어 있는 것입니다.

37
적그리스도의 비밀

성경이 적그리스도에 대하여 묘사하는 것을 종합하면 적그리스도가 누구인지 윤곽이 쉽게 잡힙니다. 요한계시록 17장 7절에는 적그리스도의 비밀을 알려 주겠다고 말씀합니다.

"천사가 이르되 왜 놀랍게 여기느냐 내가 여자와 그가 탄 일곱 머리와 열 뿔 가진 짐승의 비밀을 네게 이르리라"(계 17:7).

여기서 일곱 머리와 열 뿔 가진 짐승은 적그리스도입니다. 천사가 적그리스도의 비밀을 설명하는데 그 설명도 이해가 쉽지 않습니다. 그 설명을 다시 설명하고자 하는데 조금 복잡한 것은 사실입니다. 그러나 어렵지는 않습니다. 복잡하므로 천천히 따라오고 반복하여 읽어 보며 이해하기 바랍니다.

"네가 본 짐승은 전에 있었다가 지금은 없으나 장차 무저갱으로부터 올라와 멸망으로 들어갈 자니 땅에 사는 자들로서 창세 이후로 그 이름이 생명책에 기록되지 못한 자들이 이전에 있었다가 지금은 없으나 장차 나올 짐승을 보고 놀랍게 여기리라" "지혜 있는 뜻이 여기 있으니 그 일곱 머리는 여자가 앉은 일곱 산이요" "또 일곱 왕이라 다섯은 망하였고 하나는 있고 다른 하나는 아직 이르지 아니하였으나 이르면 반드시 잠시 동안 머무르리라" "전에 있었다가 지금 없어진 짐 승은 여덟 째 왕이니 일곱 중에 속한 자라 그가 멸망으로 들어가리라" "네가 보던 열 뿔은 열 왕이니 아직 나라를 얻지 못하였으나 다만 짐승과 더불어 임금처럼 한동안 권세를 받으리라" "그들이 한 뜻을 가지고 자기의 능력과 권세를 짐승에게 주더라" (계 17:8-13).

전에 있었다가 지금은 없다는 의미는 전에 적그리스도의 예표들이 있었다는 것과 지금은 적그리스도가 아직 나타나지 않았다는 의미입니다. 그 예표들은 과거 이스라엘과 여러 나라들을 지배한 다섯 제국을 의미하는 것입니다. 일곱 머리에는 두 가지의 의미가 있습니다. 하나는 여자가 앉은 일곱 산입니다. 로마는 일곱 산으로 이루어진 도시이며 실제로 별명도 일곱 산의 도시입니다. 거기에 여자가 앉아 있으므로 여기서의 일곱 머리는 음녀 로만 가톨릭을 의미하는 것입니다.

일곱 머리의 또 다른 의미는 일곱 왕입니다. 그 왕들 중에 다섯은 이미 망하였고 하나는 있고 다른 하나는 아직 이르지 않았으나 이르면 잠시 동안만 머무른다고 합니다. 망한 다섯 왕은 앗수르, 바벨론, 바사, 헬라, 로마입니다. 앗수르는 북 이스라엘을 멸망시키고 한 동안 제국을 누렸습니다. 그러나 남유다를 멸망시킨 바벨론에게 망하였습니다. 바벨론은 70년 만에 바사에게 망하였고 바사는 알렉산더가 이끄는 헬라에게 망했습니다. 헬라는 그 후 로마제국에 의해 멸망당했습니다. 이 다섯 나라의 공통점은 큰 제국을 이루었다는 것과 이스라엘을 점령하고 통치했던 국가라는 것입니다. 즉 이들 제국은 적그리스도의 상징이며 계시록에서 말하는 망한 다섯 나라인 것입니다.

하나는 있다라고 말씀하는데 지금 존재하는 그 나라는 미국입니다. 미국은 이차세계대전 이후 70여년 간 사실상 세계를 지배하고 있습니다. 소련이 한 때 라이벌로 있었지만 약 삼십 년 전에 연방이 해체되어 버렸습니다. 그리하여 지금은 미국이 유일한 경제적, 군사적 세계 최강대국입니다. 미국은 과거 삼십 년간 다른 나라 왕을 셋이나 체포하고 죽인 나라입니다.

1989년에 파나마의 노리에가 대통령을 체포하였고 2003년에는 이라크를 침공하여 후세인 대통령을 체포하여 처형하였으며 2011년에는 리비아를 침공하여 가다피 대통령을 죽게 하였습니다. 미국은 고대의 제국들 처럼 마음만 먹으면 어느 나라도 정복할 수 있고 어느 왕도 죽일 수 있는 힘을 가지고 있습니다. 그러니 지금 있는 하나의 제국은 미국인 것입니다.

아직 이르지 않은 하나는 러시아입니다. 러시아는 삼차세계대전인 핵전쟁을 통하여 미국을 이기고 온 세계를 정복하게 됩니다. 이미 설명한 것처럼 다니엘서에 예언된 북방 왕이 러시아이며 적그리스도 국가입니다.

이 나라가 이르면 잠시 머무리라고 한 말씀의 뜻은 러시아가 세계를 정복한 후에는 러시아가 잠시 세계를 지배하는 모양을 할 것이나 실제로 전 세계는 적그리스도가 다스리는 하나의 나라가 될 것이므로 러시아는 잠시 머무르게 되는 것입니다.

전에 있었다가 지금 없어진 짐승이 여덟째 왕인데 일곱 중에 속했던 자라고 합니다. 망한 다섯 제국의 왕과 지금 있는 미국과 잠시 머무를 러시아를 합하면 모두 일곱입니다. 그런데 여덟째 왕이 일곱 중에 속했던 자이고 멸망으로 들어간다고 합니다. 이 말씀의 뜻은 일곱 중에 속했던 러시아 왕이 여덟째 왕으로서 적그리스도가 된다는 의미입니다.

또 다른 의미로도 해석을 할 수 있습니다. 그것은 적그리스도가 전반 3년 반은 자신을 포함한 일곱 왕과 함께 과두체제로 다스리지만 후반 3년 반 환난 기간에는 일인 독재로 다스리므로 일곱 왕 중의 하나였다가 여덟째 왕이 되는 것입니다. 이 부분은 이중으로 해석이 가능한 것입니다.

열 뿔은 열 왕인데 나라는 얻지 못하고 다만 짐승과 함께 권력을 누리며 권세를 짐승에게 몰아준다고 합니다. 이 말씀의 뜻은 실제 정치 상황을 가정하면 이해가 쉽습니다. 러시아가 세계를 정복하여도 단번에 일인 독재로 지배하기는 현실적으로 쉽지 않을 것입니다. 역할을 분담할 리더들이 필요하고 그들로부터 협조도 받아야 할 것입니다. 즉 초기에는 과두체제로 세계를 다스리며 일인 독재체제의 권력을 공고히 하는 시간이 필요할 것입니다. 그러므로 열 왕을 세우는 것입니다. 그러한 상황을 설명한 것입니다.

또 한가지 주의 깊게 보아야 하는 것은 일곱 머리의 의미가 두 가지로 설명되었다는 사실입니다. 일곱 머리가 이처럼 로만 가톨릭과 적그리스도의 두 가지 의미를 가지므로 17장 3절에 음녀가 짐승을 타고 있는 모습을 보여주는 것입니다. 또한 이러한 사실은 로만 가톨릭과 적그리스도 세력이 협력하여 세계정부를 만들려고 하는 현실의 상황과도 부합하는 것입니다. 이것은 지나치기 쉬운 해석이나 의미가 있는 것입니다. 왜냐하면 요한계시록이 실제 현실 정치에 바로 적용이 되어 정확하게 해석이 되기 때문입니다.

천사가 적그리스도의 비밀을 알려 주었음에도 다시 자세한 부연 설명이 필요했습니다. 이미 말씀드렸듯이 조금 까다롭습니다. 그러나 차근 차근 따져보면 이해할 수 있습니다. 이 길은 복잡해 보이지만 미로로 인도되는 길이 아니니 한 걸음 한 걸음 잘 따라오기 바랍니다.

38
적그리스도의 프로필

성경은 적그리스도의 특징에 대하여 설명을 하고 있습니다. 이러한 특징들을 종합하면 적그리스도가 누구인지 다시 확인할 수 있으며 어떠한 존재이며 어떻게 악한지 상세히 알 수 있습니다. 데살로니가후서 2장 4절에서 8절까지를 보겠습니다.

"그는 대적하는 자라 신이라고 불리는 모든 것과 숭배함을 받는 것에 대항하여 그 위에 자기를 높이고 하나님의 성전에 앉아 자기를 하나님이라고 내세우느니라" "내가 너희와 함께 있을 때에 이 일을 너희에게 말한 것을 기억하지 못하느냐" "너희는 지금 그로 하여금 그의 때에 나타나게 하려 하여 막는 것이 있는 것을 아나니" "불법의 비밀이 이미 활동하였으나 지금은 그것을 막는 자가 있어 그 중에서 옮겨질 때까지 하리라" "그 때에 불법한 자가 나타나리니 주 예수께서 그 입의 기운으로 그를 죽이시고 강림하여 나타나심으로 폐하시리라" (살후 2:4-8).

여기서 적그리스도를 칭하는 단어들을 모아보겠습니다. 4절의 "대적하는 자"와 7절의 "불법의 비밀" 그리고 8절의 "불법한 자"는 모두 적그리스도를 뜻하는 것입니다. 그리고 이 구절에서 성령을 의미하는 단어들을 살펴보겠습니다. 6절에 그가 나타나는 것을 "막는 것"은 성령을 뜻하며 7절의 그것을 "막는 자"도 성령을 의미합니다. 또한 7절에서 "옮겨질 때까지 하리라"에서 옮겨지는 주체도 성령입니다.

이 말씀을 다시 풀면 적그리스도가 지금 물밑으로 활동은 하고 있는데 아직 때가 차지 않아 성령이 막고 있으므로 나타나지 못하고 있다는 것입니다. 그러나 성령이 옮겨지면 즉 휴거가 일어나면 적그리스도가 등장한다는 뜻입니다.

여기서 성령이 옮겨진다는 것은 성령이 다스리는 교회가 휴거

되므로 성령도 더 이상 이 땅에 없다는 뜻입니다. 이 때에 적그리스도가 나타나는 것입니다. 아직까지는 성령이 적그리스도를 붙잡고 있지만 휴거가 일어나면 적그리스도가 풀어질 것입니다. 다시 정리하면 적그리스도는 하나님을 대적하는 불법한 자인데 아직은 때가 차지 않아 드러나 있지 않지만 휴거 후에 나타날 것이며 결국에는 그리스도께서 재림할 때 죽임을 당하는 것입니다.

다음은 요한계시록 13장 1절에서 5절까지를 보겠습니다.

"내가 보니 바다에서 한 짐승이 나오는데 뿔이 열이요 머리가 일곱이라 그 뿔에는 열 왕관이 있고 그 머리들에는 신성 모독하는 이름들이 있더라" "내가 본 짐승은 표범과 비슷하고 그 발은 곰의 발 같고 그 입은 사자의 입 같은데 용이 자기의 능력과 보좌와 큰 권세를 그에게 주었더라" "그의 머리 하나가 상하여 죽게 된 것 같더니 그 죽게 되었던 상처가 나으매 온 땅이 놀랍게 여겨 짐승을 따르고" "용이 짐승에게 권세를 주므로 용에게 경배하며 짐승에게 경배하여 이르되 누가 이 짐승과 같으냐 누가 능히 이와 더불어 싸우리요 하더라" "또 짐승이 과장되고 신성모독을 말하는 입을 받고 또 마흔두 달 동안 일할 권세를 받으니라" (계 13:1-5).

이 구절은 후반 3년 반의 환난이 시작될 때에 적그리스도가 성도들을 본격적으로 핍박하기 위하여 등장하는 장면입니다. 이 구절에서 적그리스도가 어떻게 묘사되는지 살펴보겠습니다.

첫째, 적그리스도는 일곱 머리와 열 뿔이 달려있습니다. 이것은 적그리스도가 세상을 열 개의 왕국으로 나누어 일곱 왕들을 세워 다스리게 된다는 것입니다.

둘째, 표범과 곰과 사자의 모습을 하고 있습니다. 이것은 적그리스도가 매우 포악하고 잔인한 자임을 보여주는 것입니다.

셋째, 용으로부터 능력과 권세를 받습니다. 이것은 적그리스도가 사탄으로 부터 능력을 받는 것입니다.

넷째, 온 땅이 용과 짐승에게 경배한다고 합니다. 이것은 사람들이 적그리스도에게 미혹되거나 적그리스도를 두려워하여 사탄과 적그리스도를 경배하는 것입니다.

다섯째, 마흔두 달 동안 권세를 받아 성도들을 이긴다고 합니다. 이것은 후반 3년 반 환난 기간 동안 성도들을 핍박하여 짐승의 표를 받게 하는 것입니다.

다시 정리하면 적그리스도는 소수의 세상 왕들을 세워 사탄의 능력을 받아 3년 반 동안 포악하게 세상을 다스리며 성도들을 핍박하는 자입니다.

39
적그리스도가 의지하는 신

다음은 다니엘 11장 36절에서 39절까지 나타난 적그리스도의 특징을 살펴보겠습니다.

"그 왕은 자기 마음대로 행하며 스스로 높어 모든 신보다 크다 하며 비상한 말로 신들의 신을 대적하며 형통하기를 분노하심이 그칠 때 까지 하리니 이는 그 작정된 일을 반드시 이루실 것임이라" "그가 모든 것보다 스스로 크다 하고 그의 조상들의 신들과 여자들이 흠모하는 것을 돌아보지 아니하며 어떤 신도 돌아보지 아니하고" "그 대신에 강한 신을 공경할 것이요 또 그의 조상들이 알지 못하던 신에게 금은 보석과 보물을 드려 공경할 것이며" "그는 이방신을 힘입어 크게 견고한 산성들을 점령할 것이요 무릇 그를 안다 하는 자에게는 영광을 더하여 여러 백성을 다스리게도 하며 그에게서 뇌물을 받고 땅을 나눠 주기도 하리라" (단 11:36-39).

여기서 그 왕은 북방 왕인데 스스로를 신보다 크다 하고 하나님을 대적한다고 합니다. 그리고 하나님을 계속 대적하게 하는 이유는 하나님의 계획을 이루기 위한 것이라고 합니다. 이 말씀은 북방 왕이 적그리스도라는 사실과 하나님께서 세상을 심판하는 수단으로 적그리스도를 사용한다는 의미입니다.

37절에서 39절까지에는 적그리스도가 믿는 신에 대한 설명이 나옵니다. 적그리스도가 의지하는 신이 무엇인지 살펴보겠습니다. 적그리스도는 그의 조상들의 신은 물론 어떤 신도 돌아보지 않는다고 합니다. 즉 적그리스도는 바알이나 아세라를 섬기지고 않고 태양신도 섬기지 않습니다. 무슬림도 아니고 불교나 천주교 신자도 아닙니다. 그 대신에 강한 신을 섬기는데 그 강한 신은 조상들도 모르는 신이라고 합니다. 이 신에게 금은 보석을 드려 공경한다고 하며 이 신을 힘입어 다른 나라들을 점령한다고 합니다. 적그리스도가 섬긴다는 이 신은 무엇입니까?

지금 세상에는 이러한 모든 조건을 충족하는 신이 하나있습니다. 이 신은 칠십 여년 전에 나타났으므로 조상들이 모르는 신입니다. 이 신을 만들기 위하여는 엄청난 금은 보석 즉 재물을 쏟아야 합니다. 매우 강한 신입니다. 세상을 모두 정복할 수 있는 신입니다. 여러분도 아는 것입니다. 이 신은 바로 핵무기입니다. 지금 묘사된 이 신은 핵무기 외에는 어떠한 비슷한 것도 대입이 되지 않습니다. 적그리스도는 핵무기를 이용하여 세계를 정복한다는 것이 다니엘서에 예언되어 있는 것입니다. 마지막 때에 북방 왕으로 상징되는 나라가 핵무기로 세계를 정복하고 적그리스도가 되는 것입니다.

러시아가 믿는 것은 핵무기 밖에 없습니다. 미국은 경제력과 군사력을 모두 의지합니다. 그러나 경제적으로 빈곤한 러시아는 핵무기 외에는 의지할 것이 없습니다. 핵 군사력은 탄두의 숫자에서도 폭탄의 위력에서도 러시아가 미국보다 우위에 있습니다. 백 년 전에는 해석이 불가능했을 성경의 깊은 계시가 이제는 현실 세계와 연결하여 해석이 되는 것입니다.

39절에는 적그리스도가 아는 사람에게는 땅을 나누어 주고 백성을 다스리게 한다고 합니다. 이 말씀은 적그리스도가 일곱 왕에서 열 왕을 세워 세상을 다스린다는 말씀과 상응하는 것이며 적그리스도가 일곱 머리 열 뿔로 묘사되는 것을 반영하는 것입니다.

적그리스도에 대한 미로를 정리하자

이상으로 살펴본 적그리스도의 특징을 종합하면 적그리스도는 핵을 무기로 사용하여 세상을 정복하고 일곱 왕과 함께 세상을 열 나라로 나누어 통치하며 하나님을 대적하고 성도들을 핍박하는 매우 포악한 정치 권력자인 것입니다. 그는 북방 왕으로 핵 무기만 의지하는 무신론자이며 단 지파 출신의 유대인이어야 합니다. 기도로 싸울 때에 적이 누군인지를 분명하게 숙지하는 것은 중요합니다. 그래야 허공을 치지 않고 과녁을 정조준할 수 있습니다. 다시 정리하면 적그리스도는 교황도, 다른 종교 지도자도, 미국의 전직 현직 대통령도 아닙니다. 러시아 왕입니다. 미로로 빠져 들어가지 말고 표지판을 다시 잘 유의하기 바랍니다.

41

제삼 성전 건축은 휴거 후에

제삼 성전 건축에 대한 관심은 기독교인이나 유대인이나 바티칸이나 동일하지만 언제 어떻게 건축될 것인가에 대한 해석과 예측은 분분합니다. 그러나 성경은 제삼 성전이 언제 어떻게 건축될지에 대하여 비교적 상세하게 계시해주고 있습니다. 제삼 성전에 대한 비밀도 다니엘서와 요한계시록을 연결하여야 바르게 풀수 있으며 다른 예언서들에 대한 지식도 필요합니다. 요한계시록 11장 1절에서 3절까지를 보겠습니다.

"또 내게 지팡이 같은 갈대를 주며 말하기를 일어나서 하나님의 성전과 제단과 그 안에서 경배하는 자들을 측량하되" "성전 바깥 마당은 측량하지 말고 그냥 두라 이것은 이방인에게 주었은즉 그들이 거룩한 성을 마흔두 달 동안 짓밟으리라" "내가 나의 두 증인에게 권세를 주리니 그들이 굵은 베 옷을 입고 천이백육십 일을 예언하리라" (계 11:1-3).

성경에서 성전을 측량한다는 것은 성전을 건축한다는 의미입니다. 건축을 하기 위하여는 측량이 우선되어야 하는 것이므로 건축한다는 직접적인 표현 대신에 측량한다는 표현을 하기도 합니다. 이 구절은 두 증인의 사역의 시작을 알리는 말씀인데 성전 건축에 대한 말씀으로 시작을 합니다. 여기서 두 증인과 제삼 성전 건축이 관련이 있음을 예감할 수 있습니다. 즉 두 증인이 사역을 시작하면서 제삼 성전 건축도 진행되는 것입니다.

그렇다면 두 증인의 역할 중에는 성전 건축을 지휘 감독하는 일도 포함 될 것임을 쉽게 추측할 수 있습니다. 물론 성경에는 두 증인이 그러한 역할을 한다고 직접 언급을 하고 있지는 않습니다. 그러나 정황을 보면 그럴 개연성은 매우 높습니다. 왜냐하면 그 때에는 두 증인이 예루살렘에서 사역을 하는데 전반 3년 반 동안 세상을 심판하는 강력한 권세를 가지고 있기 때문입니다. 그러니 온 세상이 집중할 성전 건축의 책임자로 매우 적절한 인물인 것입니다.

스가랴서에는 스룹바벨이 제이 성전 건축을 지휘 감독하며 그 당시 제사장은 여호수아입니다. 기름 부음을 받은 두 사람이 성전 건축의 책임을 맡은 것입니다. 스룹바벨은 여호야긴 왕의 손자로서 왕권을 대표하고 여호수아는 제사장권을 대표합니다. 즉 이 두 사람을 합치면 왕이며 제사장이신 예수 그리스도를 예표하는 것입니다.

두 증인도 주 앞에 있는 두 감람 나무로 묘사됩니다. 요한계시록 11장 4절을 보겠습니다.

"그들은 이 땅의 주 앞에 서 있는 두 감람나무와 두 촛대니"(계 11:4).

두 증인은 3년 반 동안 사역하고 죽임 당하여 3일 반 후에 부활하고 승천합니다. 그리스도와 유사한 삶을 살 두 증인도 심판주인 예수 그리스도의 예표입니다. 그러므로 두 증인이 제삼 성전을 건축할 것이라는 영적인 해석이 가능한 것입니다.

그렇다면 처음에 배운 환난 기간에 대한 분석을 여기에 대입해 보겠습니다. 환난기간 분석을 여기에 적용하는 이유는 제3 성전의 건축이 언제 시작되는지를 알아보기 위한 것입니다. 두 증인이 사역을 시작하는 13장 1절은 첫 6개월 환난이 끝난 직후입니다. 다시 말씀하면 제삼 성전 건축은 휴거 후이며, 첫 6개월 환난이 끝나고 전반 3년 반 환난의 기간 중에 시작되는 것입니다.

42
성전 건축 기간은 칠십 주일

성전의 건축 기간은 일흔 이레, 즉 칠십 주일입니다. 다니엘서 9장 24절을 보겠습니다.

"네 백성과 네 거룩한 성을 위하여 일흔 이레를 기한으로 정하였나니 허물이 그치며 죄가 끝나며 죄악이 용서되며 영원한 의가 드러나며 환상과 예언이 응하며 또 지극히 거룩한 이가(곳이) 기름 부음을 받으리라"(단 9:24).

여기서 정한 기한은 성전을 건축하는 기간입니다. 그 기간이 칠십 주일인 것입니다. 많은 사람들이 이 구절을 예수께서 490년 후에 오시는 것을 예언하는 것이라고 해석을 하는데 그것은 바르지 않습니다. 다니엘이 이 예언을 받은 때는 다리오 왕 첫 해이므로 예수님 오기 약 530여년 전이므로 년수 계산도 40년이나 틀립니다. 이 사람들은 일흔 이레를 70년 곱하기 7 즉 490년으로 해석을 하였습니다. 그러나 여기서 일흔 이레는 문자 그대로 칠십 주일이며 기간도 성전 건축 기간을 뜻하는 것이지 주님의 초림의 때를 예언하는 것이 아닙니다.

구절 끝 부분의 "거룩한 이"는 "거룩한 곳"으로 해석하는 것이 적절합니다. NIV를 포함한 영어성경의 대부분이 그렇게 해석을 합니다. 즉 지극히 거룩한 곳이 기름 부음을 받는다는 것은 성전이 건축되는 것을 의미하는 것입니다. 다니엘서는 주님 초림에 대한 예언서가 아니라 세상 끝날에 대한 예언서임을 계속 상기해야 합니다.

다음은 다니엘 9장 25절을 보겠습니다.

"그러므로 너는 깨달아 알지니라 예루살렘을 중건하라는 영이 날 때부터 기름 부음을 받은 자 곧 왕이 일어나기까지 일흔 이레와 예순두 이레가 지날 것이요 그 곤란한 동안에 성이 중건되어 광장과 거리가 세워질 것이며" (단 9:25).

이 구절에서 기름 부음을 받은 자는 두 증인을 의미하는 것이며 그리스도가 아닙니다. 여기서 기름 부은 자를 왕으로 표현하였는데 영어로는 룰러(Ruler) 즉 통치자로 표현되어 있습니다. 전반 3년 반 동안 세상을 실제로 통치하는 사람은 두 증인입니다. 그러니 여기서의 기름 부음을 받은 왕은 그리스도가 아니라 두 증인인 것입니다. 이들은 성전 건축의 명령이 나고 69주 후에 나타나서 사역을 시작하게 됩니다.

43
예루살렘 중건의 명령

성전 건축 명령의 의미가 무엇인지는 해석의 논란이 있을 수 있습니다. 성전 건축은 유대인과 무슬림 사이의 가장 민감한 이슈입니다. 정치적인 타협으로 성전이 지어질 수도 있고 하나님께서 초자연적으로 간섭할 수도 있을 것입니다. 혹자는 미국과 러시아와 바티칸이 제삼 성전 건축을 긍정적으로 검토한다고 합의를 하는 것이 성전 건축의 명령이 난 것으로 간주해야 한다고 하기도 합니다. 그렇게 인정할지라도 이들이 비밀리에 일을 진행한다면 성전 건축의 명령이 언제 있었는지 일반인들은 모를 수도 있는 것입니다. 다만 성전 건축 명령이 나고 69주일 후면 두 증인이 나타나는 것은 알고 있어야 겠습니다.

곤란한 동안에 성이 중건된다는 것은 환난기간 중에 성전이 건축되는 것을 의미하는 것입니다. 즉 다니엘서에도 제삼 성전은 환난 중에 건축된다는 사실이 예언되어 있는 것입니다. 또한 성전이 휴거 후에 건축되어야만 하는 영적인 배경도 있습니다. 성전 건축은 이스라엘의 영적인 회복을 의미합니다. 솔로몬 성전의 건축 때에도, 스룹바벨의 지휘로 제이 성전을 건축 할 때에도 성전 건축은 이스라엘의 회복과 축복을 의미하는 것이었습니다.

현재 이스라엘 백성의 영적 회복은 예수를 믿는 것입니다. 즉 이스라엘이 예수를 믿지 않는 상태에서는 하나님께서 성전 건축을 허락할리가 없는 것입니다. 이스라엘은 주님 올 때 즉 휴거가 일어난 후에 모두 예수를 믿게 됩니다. 그러므로 제삼 성전은 휴거 후에 건축될 수 밖에 없는 것입니다.

또한 에스겔 43장 10절, 11절에는 회개한 자들에게만 성전 건축을 허락한다는 말씀이 있습니다. 즉 이 말씀도 이스라엘 백성들이 회개하고 예수를 믿어야 성전 건축을 할 수 있다는 의미이므로 휴거 후에 성전 건축이 이루어지는 것입니다. 만약에 예수를 모르는 유대인들이 성전을 건축하였다고 가정을 하면 매우 황당한 일이 벌어질 것입니다. 그것은 다름이 아닌 동물제사입니다. 이들은 예수 그리스도께서 흘린 피를 부인하므로 동물의 피로 제사를 지낼 것입니다. 하나님께서 이러한 참람된 일을 용납하지 않을 것입니다. 그러니 유대교인들 스스로 성전을 건축하게 되는 일은 가능하지가 않은 것입니다.

다음은 다니엘 9장 26절을 보겠습니다.

"예순두 이레 후에 기름 부음을 받은 자가 끊어져 없어질 것이며 장차 한 왕의 백성이 와서 그 성읍과 성소를 무너뜨리려니와 그의 마지막은 홍수에 휩쓸림 같을 것이며 또 끝까지 전쟁이 있으리니 황폐할 것이 작정되었느니라"(단 9:26).

여기서 62주 후라는 것은 성전이 완성된지 62주 후를 의미하는 것입니다. 즉 두 증인은 성전이 완성되고 62주 후에 죽는 것입니다. 두 증인은 삼년 반의 사역을 마치고 적그리스도에게 죽임 당한 후 3일 반만에 부활하여 승천합니다. 두 증인은 성전을 건축하지만 자신들이 완공된 성전에서 사역을 하는 기간은 1년 2, 3개월 정도이고 그 후에는 적그리스도에게 죽임을 당하고 성전은 다시 훼손되고 더럽혀지게 되는 것입니다.

여기서 한 왕은 적그리스도입니다. 끝까지 전쟁이 있고 황폐하게 된다는 것은 두 증인이 죽고 마지막 환난의 끝으로 향하는 것을 묘사한 것입니다. 즉 이 모든 말씀은 마지막 끝 날에 관한 이야기입니다. 주님의 초림과 죽음에 관한 이야기가 아닌 것입니다. 다시 한번 상기하십시오. 다니엘서는 세상 끝날에 대한 예언서입니다.

이상으로 살펴본 제삼 성전에 관한 말씀을 다시 정리해보겠습니다.

1) 제삼 성전 건축은 두 증인의 사역의 일부이다.

2) 제삼 성전은 휴거 후 환난기간 중에 건축된다.

3) 공사 기간은 70주일이다.

4) 건축 명령이 나고 69주 후에 두 증인이 나타난다.

5) 건축 명령이 언제 날지는 보통 사람들은 모를 수 있다.

6) 성전 건축이 끝난 62주 후에 두 증인이 죽임을 당한다.

7) 성전 건축은 이스라엘의 영적 회복을 의미하므로 이스라엘이 모두 주께 돌아오기 전에는 이루어질 수 없다.

요한계시록에는 성전 건축에 관하여 11장 1, 2절에 매우 짧게 쓰여 있습니다. 그리고 이 부분이 성전 건축에 대한 언급의 전부입니다. 그러나 다니엘서와 연결을 함으로써 풍성하게 지식을 얻었습니다. 또한 에스겔서도 참고가 되었습니다. 이제 여러분은 제삼 성전 건축에 관한 매우 견고하고 뿌리 깊은 나무를 보았습니다. 또한 다니엘 9장 24절에서 26절까지의 말씀이 예수의 초림과 죽음에 관한 예언이라는 잘못된 이정표를 뽑아버렸습니다. 그리하여 거치는 미로를 하나씩 정복해가고 있습니다.

한가지 부연할 것은 다니엘서 9장 27절에 표현된 한 이레는 1주일이 아니라 7년을 의미합니다. 즉 그 전 구절에 계속 언급된 이레는 7일을 뜻하지만 이 구절의 이레만 7년이라는 것입니다.

"그가 장차 많은 사람들과 더불어 한 이레 동안의 언약을 굳게 맺고 그가 그 이레의 절반에 제사와 예물을 금지할 것이며…" (단 9:27).

성경을 해석하는 지혜가 이러한 것을 구분할 수 있느냐로 저울질 될 수 있습니다. 많은 사람들이 이 구절의 이레가 7년을 의미하므로 그 윗 구절의 이레도 모두 7년으로 해석을 하는데 그것은 바르지 않다는 것을 다시 말씀드립니다. 문자대로 해석 할 때와 상징으로 해석할 때를 구분하는 지혜가 필요합니다.

이와 비슷한 예가 요한계시록 6장 6절에도 보여집니다.

"내가 네 생물 사이로부터 나는 듯한 음성을 들으니 이르되 한 데나리온에 밀 한 되요 한 데나리온에 보리 석 되로다 또 감람유와 포도주는 해치지 말라 하더라" (계 6:6).

한 데나리온은 하루 일당인데 하루 벌어서 밀 한 되나 보리 석 되밖에 살 수 없다는 것은 식량의 가격이 많이 올랐다는 의미입니다. 그러나 감람유와 포도주에 대한 말씀은 가격에 대한 것이 아닙니다. 여기서 감람유와 포도주는 성령의 기름 부음과 예수의 피를 상징으로 표현한 것입니다. 즉 기근의 때에도 성령 충만하고 예수의 피를 가진 교회는 기근을 당하지 않는다는 의미로 쓰여진 것입니다. 같은 식품 종류이지만 밀과 보리는 문자대로 감람유와 포도주는 상징으로 해석을 해야 하는 것입니다. 이와 같은 원리가 이레라는 기간에도 적용이 되는 것입니다.

44
두 증인의 사명

전반 3년 반의 환난 기간 동안에 실제로 온 세상을 지배하는 사람은 두 증인입니다. 이 때에는 적그스도가 핵 전쟁에 이미 승리하고 전 세계를 장악해가는 중이지만 이들도 두 증인의 심판 아래에 놓여 있는 것입니다. 그러므로 적그리스도는 아직 세력을 크게 떨치지는 못하고 두 증인을 두려워할 것입니다. 요한계시록 11장 3절에서 6절까지를 보겠습니다.

"내가 나의 두 증인에게 권세를 주리니 그들이 굵은 베옷을 입고 천이백육십 일을 예언하리라" "그들은 이 땅의 주 앞에 서 있는 두 감람나무와 두 촛대니" "만일 누구든지 그들을 해하고자 하면 그들의 입에서 불이 나와서 그들의 원수를 삼켜 버릴 것이요 누구든지 그들을 해하고자 하면 반드시 그와 같이 죽임을 당하리라" "그들이 권능을 가지고 하늘을 닫아 그 예언을 하는 날 동안 비가 오지 못하게 하고 또 권능을 가지고 물을 피로 변하게 하고 아무 때든지 원하는 대로 여러 가지 재앙으로 땅을 치리로다"(계 11:3-6).

3년 반 동안 예언하는 두 증인을 감람나무와 촛대로 비유를 합니다. 감람나무는 하나님의 기름 부음 받은 자를 뜻하며 촛대는 교회를 의미합니다. 두 증인을 교회를 상징하는 촛대로 비유한 이유는 모든 권세는 그리스도의 피로 산바 된 교회에게 주어졌는데 두 증인이 그러한 권세를 행함으로 교회를 상징하는 촛대로 비유를 한 것입니다. 두 증인에게는 입에서 불이 나와 적을 삼킬 정도로 능력이 주어지고 무엇이든지 원하는 대로 심판을 할 수 있는 권세를 가지고 이 땅에 재앙을 내립니다.

45
율법과 예언을 성취하는 두 증인

두 증인이 모세와 엘리야라는 것은 말씀에 소개된 재앙의 종류에서 힌트를 얻을 수 있습니다. 물을 피로 변하게 하는 기적은 출애굽 때의 모세를 기억나게 하고 비가 오지 못하도록 하는 것은 엘리야를 떠오르게 합니다. 또한 구약의 마지막 책인 말라기서도 모세와 엘리야를 언급하며 끝을 맺는데 그 이유가 있는 것입니다.

"너희는 내가 호렙에서 온 이스라엘을 위하여 내 종 모세에게 명령한 법 곧 율례와 법도를 기억하라" "보라 여호와의 크고 두려운 날이 이르기 전에 내가 선지자 엘리야를 너희에게 보내리니"(말 4:4-5).

율법이 모세를 통하여 주어졌습니다. 그러므로 모세는 율법을 대표하는 사람입니다. 엘리야는 죽음을 보지 않고 승천한 유일한 선지자입니다. 즉 엘리야는 예언을 대표하는 사람입니다. 모세와 엘리야를 마지막 때의 두 증인으로 보내어 심판하는 이유는 율법의 일점 일획도 땅에 떨어지지 않게 심판한다는 것이며 예언의 한자도 빠뜨리지 않고 모두 성취한다는 의미가 있는 것입니다. 그러므로 율법의 대표 모세와 예언의 대표 엘리야를 두 증인으로 보내어 심판하는 것입니다. 즉 말라기 말씀은 마지막 때에 예언대로 심판할 것이니 모세를 통하여 주어진 계명을 잘 지키고 있으라고 당부하는 것입니다.

그렇다면 두 증인이 실제 모세와 엘리야이겠습니까? 모세와 엘리야의 성정과 능력을 가진 어떤 사람들이겠습니까? 세례 요한의 경우를 연구하면 답을 찾을 수 있습니다. 사람들이 세례 요한에게 엘리야냐고 묻자 그는 아니라고 대답합니다. 그러나 주님은 엘리야가 왔는데 사람들이 알아보지 못하고 대우를 제대로 하지 않았다고 말씀합니다. 주님은 세례 요한을 가리켜 한 말씀입니다. 즉 세례 요한이 성경에 예언된 주님 오실 길을 준비하는 엘리야인데 실제 엘리야가 아니라 엘리야의 성정과 능력을 가진 사람인 것입니다.

이러한 사실에서 유추하면 두 증인도 실제 모세와 엘리야가 아니라 모세와 엘리야의 성정과 능력을 가진 어떤 사람들일 것입니다. 두 증인을 다른 인물로도 추측을 하는데 두 증인이 누구인지에 대한 논쟁은 의미가 없으니 피하십시오. 또한 실제 인물일지 다른 인물일지에 대하여도 논쟁할 가치는 없습니다. 중요한 것은 두 증인이 누구이든지 율법대로 심판하고 예언대로 성취한다는 사실입니다.

환난에 남겨진 사람들은 두 선지자가 재앙을 내리므로 싫어합니다. 이들이 죽자 즐거워하고 서로 선물까지 보냅니다.

> "이 두 선지자가 땅에 사는 자들을 괴롭게 한 고로 땅에 사는 자들이
> 그들의 죽음을 즐거워하고 기뻐하여 서로 예물을 보내리라 하더라"
> (계 11:10).

그러나 두 증인은 선한 하나님의 종들입니다. 혹시 여러분은 환난에 남겨질지라도 두 증인이 내리는 재앙을 회개의 기회로 삼으며 그들에게 순종하고 그들을 위하여 기도해야 할 것입니다. 그러할 때 구원의 길이 열릴 것입니다.

이상으로 두 증인의 역할과 사명 또한 어떤 인물을 상징하는지 등에 대하여 살펴보았습니다. 요한계시록의 숲에서 아름다운 두 감람나무를 본 것입니다. 이 감람나무의 종류나 원산지는 중요하지 않습니다. 감람 열매를 맺기만 한다면 크기도 나이도 상관할 바가 아닙니다. 귀한 두 감람나무를 기억하십시오.

46
흰 말 탄 자는 적그리스도

첫째 인을 뗄 때에 등장하는 흰 말 탄 자에 대하여는 정반대의 두 가지 해석이 있습니다. 하나는 그리스도라고 해석하는 것이며 다른 하나는 적그리스도라는 해석입니다. 성경을 통틀어 가장 극단적으로 상반되는 두 해석을 가진 것이 바로 흰 말 탄 자의 정체입니다. 조금만 관찰하고 연구하여도 그 답이 쉽게 나오는 주제인데 아직도 틀린 주장이 맞서고 있습니다.

"이에 내가 보니 흰 말이 있는데 그 탄 자가 활을 가졌고 면류관을 받고 나아가서 이기고 또 이기려고 하더라" (계 6:2).

흰 말 탄 자가 적그리스도인 이유에 대하여 설명하겠습니다. 첫째, 그리스도의 무기는 검입니다. 그런데 이 자는 활을 가지고 있습니다. 둘째, 그리스도는 많은 면류관을 쓰는데 이 자는 면류관을 하나 쓰고 있습니다. 그리스도가 많은 면류관을 쓰는 것은 계시록 19장 12절을 보면 알 수 있습니다. 셋째, 그리스도는 단번에 이기는 분이지 이기고 또 이기려고 하는 분이 아닙니다. 넷째, 흰 말 탄자를 오라고 명령하는 자는 네 생물 중에 하나인데 피조물이 창조주에게 오라 가라 명령할 수 없습니다. 이는 위계질서에 어긋나는 것입니다. 다섯째, 인과 나팔과 대접은 모두 재앙의 종류입니다. 그런데 그리스도가 재앙의 종류일 수는 없는 것입니다.

여섯째, 첫째 인에서 넷째 인까지의 예언은 마태복음 24장에서 예수께서 마지막 때의 징조를 설명한 내용과 일치합니다. 예수께서 마지막 때의 징조 중 첫째로 말씀한 것이 미혹하는 자가 많으므로 미혹 받지 말라는 것이었습니다. 이 말씀은 첫째 인의 흰 말 탄 자에 대한 내용과 상응하는 것입니다. 즉 계시록 6장 2절의 말씀은 "적그리스도가 교회 안에 거짓 사도, 거짓 선지자, 거짓 목사, 거짓 교사를 보내어 미혹하고 또 미혹하려 하더라"의 의미로 쓰여진 것입니다. 미혹하려고 그리스도처럼 면류관과 흰 말로 흉내를 내는 것입니다. 마태복음으로 요한계시록을 해석하니 흰 말 탄 자의 비밀이 풀어졌습니다.

흰 말 탄 자를 그리스도로 해석을 하는 이유는 흰 말을 타고 있고 면류관도 쓰고 있고 활이라는 무기도 갖고 있고 이기고 또 이기려 한다는 표현등을 종합하면 그리스도 같은 느낌이 들기 때문입니다. 이런 식으로 성경을 잘못 이해하는 것은 실제로 미혹되는 것과 같은 원리입니다. 거짓 교사인데 진짜 처럼 보이므로 속게 되는 것입니다. 적그리스도를 그리스도로 잘못 해석하는 것은 가벼운 일이 아닙니다. 영적으로 온전치 못한 것이며 주님 앞에서도 부끄러운 일입니다. 성경 해석을 잘못하면 실제로도 미혹받습니다. 그러니 혹시 여러분 중에 흰 말 탄 자를 그리스도로 배우고 이해한 사람들이 있다면 스스로를 다시 한번 살펴야

겠습니다.

47
환난 중에 죽은 자들의 부활

마지막 환난 중에도 구원받고 죽는 자와 구원받지 못하고 죽는 자들이 있을 것입니다. 구원받고 죽는 자들 중에는 순교하는 사람도 있을 것이고 늙거나 병들어 자연사하는 사람도 있을 것이며 재앙 가운데 목숨을 잃는 사람도 있을 것입니다. 죽는 모양에 상관 없이 그들이 죽을 때에 구원에 이를만한 믿음이 있으면 구원받는 것입니다. 또한 이들은 언제인가 부활할 것이며 그리스도와 함께 천년 동안 왕 노릇을 하게 됩니다.

"또 내가 보좌들을 보니 거기에 앉은 자들이 있어 심판하는 권세를 받았더라 내가 보니 예수를 증언함과 하나님의 말씀 때문에 목 베임을 당한 자들의 영혼들과 또 짐승과 그의 우상에게 경배하지 아니하고 그들의 이마와 손에 그의 표를 받지 아니한 자들이 살아서 그리스도와 더불어 천 년 동안 왕 노릇하니"(계 20:4).

이 구절은 하나님과 그리스도를 믿는 믿음 안에서 죽은 자들의 부활에 대하여 말씀하고 있습니다. 여기서 표를 받지 아니한 자들이 살아서라는 의미는 죽지 않고 살아 남았다는 뜻이 아니고 죽었다가 살아나서라는 의미 즉 부활했다는 뜻입니다. 한글 표현은 의미가 분명하지 않아서 부연 설명을 하는 것입니다.

이 사람들 중에는 마지막 환난의 때에 구원받고 죽은 자들도 포함됩니다. 이들도 부활을 하는데 그 때가 언제이겠습니까? 어떤 사람들은 주님께서 지상에 재림할 때에 이들이 부활한다고 합니다. 그렇게 되면 한 가지 문제가 있습니다. 이들은 어린 양과의 혼인식을 하지 않게 되는 것입니다.

주님께서 혼인식도 하지 않고 신부를 맞이하지는 않을 것입니다. 그렇다면 이들도 주님께서 지상에 재림하기 전에 부활하여 하늘로 올라가야 하는 것입니다. 어린 양의 혼인식은 19장 7절에서 이루어집니다. 즉 환난 중에 구원받고 죽은 자들은 요한계시록의 19장 7절 이전 언제인가 부활하여 휴거하는 것입니다. 정확한 날은 알 수 없지만 그 때는 환난이 거의 끝나갈 즈음일 것입니다.

환난 중에 죽은 자들의 부활에 대한 묵상이 뜻밖에 환난 끝에도 휴거가 있다는 놀라운 비밀을 알게 하였습니다. 어떤 사람들은 휴거가 한 차례 이상 있다는 말에 거부감을 표시합니다. 그러나 휴거는 구원받는 것이고 행복한 사건이 분명할진데 많을수록 좋은 것이 아니겠습니까? 환난 전에도 휴거가 있고 환난 중에도 십사만 사천의 휴거가 있고 환난 끝에도 휴거가 있습니다. 그러니 "환난전 휴거설"도 틀렸고 "환난중 휴거설"도 틀렸고 "환난후 휴거설"도 틀린 것입니다. "설"자가 붙은 것은 사람이 지은 것이므로 맞는 것이 하나도 없는 것입니다.

여러분은 요한계시록에 감추어진 세 번의 휴거를 하나노 못 찾아내는 허다한 사람들 중에 하나가 아닙니다. 여러분은 지금 계시록의 숲 속에서 작은 나무 한그루도 그냥 지나치지 않았습니다. 가려지고 덮혀진 것까지 확인하며 나아갑니다.

48
천년왕국 백성의 멸망

요한계시록의 끝 부분에는 안타까운 이야기가 잠시 소개됩니다. 그것은 천년왕국이 끝날 때에 벌어지는 일입니다. 다스리는 성도들과 다스림을 받는 백성들이 지상의 천국에서 평화롭게 함께 살다가 천 년이 찬 후에 백성들이 성도들을 대적하는 것입니다.

"천 년이 차매 사탄이 그 옥에서 놓여" "나와서 땅의 사방 백성 곧 곡과 마곡을 미혹하고 모아 싸움을 붙이리니 그 수가 바다의 모래 같으리라" "그들이 지면에 널리 퍼져 성도들의 진과 사랑하시는 성을 두르매 하늘에서 불이 내려와 그들을 태워버리고" (계 20:7-9).

이 때에 백성들이 성도들을 대적하는 이유는 사탄이 풀려나와 이들을 미혹하였기 때문입니다. 천 년간 죄가 없는 평화의 나라를 살 수 있었던 것은 죄의 원천인 사탄이 결박되어 활동을 할 수 없었기 때문입니다. 그러나 사탄이 풀리자 사람들은 미혹되고 죄를 다시 짓게 된 것입니다. 성도들을 대항하여 전쟁을 일으킨 자들의 수가 적지 않습니다. 그 수가 바다의 모래 같다고 합니다. 이들은 전쟁을 일으킨 후 하늘에서 내려오는 불에 모두 멸망을 당합니다. 이들은 천국을 눈 앞에 두고 안타깝게도 사탄의 유혹을 못이기고 망한 것입니다.

마지막 심판이 끝나면 인류의 삼분의 일이 천년왕국 백성으로 남습니다. 삼분의 일은 핵전쟁으로 단번에 죽고 삼분의 일은 다른 환난과 핍박으로 죽습니다. 지금의 인구인 72억을 기준으로 하면 약 24억 정도가 남는 것입니다. 이들은 환난을 통과하며 연단되어 구원받는 것입니다.

"여호와가 말하노라 이 온 땅에서 삼분의 이는 멸망하고 삼분의 일은 거기 남으리니" "내가 그 삼분의 일을 불 가운데에 던져 은 같이 연단하며 금 같이 시험할 것이라 그들이 내 이름을 부르리니 내가 들을 것이며 나는 말하기를 이는 내 백성이라 할 것이요 그들은 말하기를 여호와는 내 하나님이시라 하리라"(슥 13:8-9).

그렇다면 하나님께서는 기왕에 삼분의 일을 천년왕국의 백성으로 구원하였는데 왜 이들이 모두 천국까지 들어가도록 하지 않고 중간에 멸망하는 일이 벌어지도록 섭리를 한 것일까요? 하나님께서는 구원받은 성도들이 왕으로 나라를 다스리게 될 것을 예언하였습니다. 그렇게 한 이유는 구원받은 성도들에게 영광을 주기 위한 것입니다.

나라를 이루기 위하여는 세 가지 구성 요소가 있어야 합니다. 그것은 땅과 왕과 백성입니다. 땅과 백성이 없다면 왕이 소용없는 것입니다. 즉 구원받은 성도들이 왕 노릇 할 수 있도록 하기 위하여라도 이 땅에 상당 수의 백성을 살려 두어야 하는 것입니다. 물론 그들이 환난 중에 회개하고 믿음을 지켜 살아 남은 것이지만 성도들의 영광을 위하여 긍휼을 입은 측면이 있는 것입니다. 그러나 천 년이 차고 이들의 섬기는 역할이 끝나가면서 그 중의 많은 자들이 사탄의 미혹에 넘어감으로 더 이상 긍휼을 입지 못하게 된 것입니다.

이처럼 환난을 통과하며 살아 남은 자들은 구원이 완성된 것이 아닙니다. 그들이 오래 장수하며 평화롭게 사는 은총은 입었지만 다시 죄를 짓고 구원을 잃을 수도 있는 것입니다. 그러므로 스가랴서에는 이들이 구원의 완성을 상징하는 절기인 초막절을 지켜야 한다고 말씀하는 것입니다.

"예루살렘을 치러 왔던 이방 나라들 중에 남은 자가 해마다 올라와서 그 왕 만군의 여호와께 경배하며 초막절을 지킬 것이라" "땅에 있는 족속들 중에 그 왕 만군의 여호와께 경배하러 예루살렘에 올라오지 아니하는 자들에게는 비를 내리지 아니하실 것인즉" "만일 애굽 족속이 올라오지 아니할 때에는 비 내림이 있지 아니 하리니 여호와께서 초막절을 지키러 올라오지 아니하는 이방 나라들의 사람을 치시는 재앙을 그에게 내리실 것이라" "애굽 사람이나 이방 나라 사람이나 초막절을 지키러 올라오지 아니하는 자가 받을 벌이 그러하니라"
(슥 14:16-19).

이 구절은 스가랴서의 끝 부분으로 천년왕국 때에 대하여 말씀하는 것입니다. 하나님께서 천년왕국 백성들에게 초막절을 반드시 지킬 것을 당부하며 지키지 않으면 벌을 내린다고 합니다. 초막절은 구원의 완성을 의미하는 절기인데 이 절기를 지키라고 하는 것은 그들의 구원이 완성되지 않았다는 뜻이며 그들로 구원받도록 하기 위한 것입니다. 이처럼 천년왕국 백성들의 구원이 완성되지 않은 것 즉 천년왕국의 백성도 다시 멸망할 수 있다는 사실이 이미 이천오백 년 전에 초막절을 지키라는 명령을 통하여 암시적으로 예언되어 있었던 것입니다. 절기를 지키고 그 의미를 깨닫는 것이 얼마나 중요한지를 다시 실감할 수 있는 예언의 말씀입니다.

요한계시록 20장 8절에는 사탄이 곡과 마곡을 미혹한다는 말씀이 있습니다.

"나와서 땅의 사방 백성 곧 곡과 마곡을 미혹하고 모아 싸움을 붙이리니 그 수가 바다의 모래 같으리라"(계 20:8).

곡과 마곡은 에스겔서에도 여러 차례 언급되는 딘어인네 요한계시록에서의 의미와 동일하게 쓰여진 것입니다. 많은 사람들이 곡과 마곡을 사람이나 지명의 이름으로 이해를 하려 합니다. 창세기 10장 2절에는 마곡이 야벳의 아들로 나옵니다. 그러나 이 마곡은 다른 마곡입니다. 마곡은 하나님을 대항하는 무리를 칭하는 것이며 곡은 이러한 무리의 우두머리를 칭하는 단어입니다. 즉 곡은 적그리스도의 다른 칭호로 사용되는 것입니다. 성경에도 "땅의 사방 백성 곧 곡과 마곡" 이라고 표현을 합니다. 즉 하나님을 거스리는 백성이나 나라의 온 무리가 마곡이며 이들의 리더가 곡인 것입니다. 곡과 마곡의 정의를 바르게 이해하지 못하면 곡이 성경의 어떤 특정 인물인지를 연구하게 되고 마곡이 지금의 어떤 특정한 국가의 이름 인가에 대하여 공부를 하게 됩니다. 여러분은 이러한 미로를 헤메지 말 것을 당부하기 위하여 설명을 한 것입니다.

49
천년왕국의 도래

요한계시록 20장은 분명하게 천년왕국이 시작되는 것을 보여줍니다. 천년왕국은 주님이 지상에 재림하여 적그리스도를 진멸하고 바로 열리는 것입니다. 그리고 부활한 자들은 그리스도와 함께 천년 동안 왕 노릇을 하게 됩니다.

"이 첫째 부활에 참여하는 자들은 복이 있고 거룩하도다 둘째 사망이 그들을 다스리는 권세가 없고 도리어 그들이 하나님과 그리스도의 제사장이 되어 천 년 동안 그리스도와 더불어 왕 노릇 하리라"(계 20:6).

그리고 구약의 예언서에도 천년왕국에 대하여 예언한 내용들이 곳곳에 있습니다. 그 중 하나인 이사야서 65장 20절을 보겠습니다.

"거기는 날 수가 많지 못하여 죽는 어린이와 수한이 차지 못한 노인이 다시는 없을 것이라 곧 백 세에 죽는 자를 젊은이라 하겠고 백 세가 못되어 죽는 자는 저주 받은 자이리라"(사 65:20).

성경 역사에는 천 년을 산 사람의 기록이 없습니다. 가장 오래 산 사람은 므두셀라로 969세를 살았습니다. 천년왕국 백성의 영광을 위하여 지금까지 천 년 동안 산 사람을 두지 않았는지도 모릅니다. 그러나 천년왕국에는 천 년 동안 사는 사람이 있을 것입니다. 위의 구절은 충분히 그런 상상을 할 수 있는 근거를 보여줍니다.

이처럼 분명하게 성경이 말씀하는 천년왕국의 도래를 굳이 설명하는 데는 이유가 있습니다. 천년왕국이 없다거나 지금이 천년왕국이라고 틀리게 가르치는 사람들이 있기 때문입니다. 보통의 지능만 가져도 이렇게 성경을 해석할 수는 없습니다. 그럼에도 불구하고 이런 가르침이 엄연히 존재하는 것은 이들이 심각하게 미혹되어 있다는 증거입니다. 이러한 가르침이 무슨 "설"이란 제목으로 가르치고 배우고 있다는 자체가 불가사의한 일이라 할 수 있습니다.

다윗의 왕국은 천년왕국의 그림자이고 천년왕국은 천국의 모형입니다. 그림자가 있다면 실물도 존재해야 하는 것입니다. 모형도 실물을 위하여 만드는 것입니다. 천년왕국을 부인하는 어떠한 표지판도 뽑아 버리고 끝까지 길을 잃지 않아야겠습니다.

Revelation's
Secrets

IV
고목나무의 비밀을 알라

50
십칠 장의 바벨론은 로만 가톨릭

마지막 심판 때 처참하게 뿌리가 뽑히는 고목나무가 두 그루 있습니다. 그것은 멸망하는 두 바벨론입니다. 온 세상이 처절한 심판 가운데 멸망하지만 그 중에서도 가장 하나님의 진노를 크게 받는 두 곳이 있는데 그 중의 한 곳이 17장의 로만 가톨릭입니다.

"또 일곱 대접을 가진 일곱 천사 중 하나가 와서 내게 말하여 이르되 이리로 오라 많은 물 위에 앉은 큰 음녀가 받을 심판을 네게 보이리라" "땅의 임금들도 그와 더불어 음행하였고 땅에 사는 자들도 그 음행의 포도주에 취하였다 하고" "곧 성령으로 나를 데리고 광야로 가니라 내가 보니 여자가 붉은 빛 짐승을 탔는데 그 짐승의 몸에 하나님을 모독하는 이름들이 가득하고 일곱 머리와 열 뿔이 있으며" "그 여자는 자주 빛과 붉은 빛 옷을 입고 금과 보석과 진주로 꾸미고 손에 금 잔을 가졌는데 가증한 물건과 그의 음행의 더러운 것들이 가득하더라" "그의 이마에 이름이 기록되었으니 비밀이라, 큰 바벨론이라, 땅의 음녀들과 가증한 것들의 어미라 하였더라" "또 내가 보매 이 여자가 성도들의 피와 예수의 증인들의 피에 취한지라 내가 그 여자를 보고 놀랍게 여기고 크게 놀랍게 여기니" (계 17:1-6).

음녀가 많은 물 위에 앉았다는 것은 로만 가톨릭이 온 세상을 지배하고 있는 모습을 비유로 표현한 것입니다. 교황은 세상에서 가장 영향력이 큰 인물입니다. 그러므로 미국의 대통령은 물론 전 세계의 국가 수반들이 수시로 가서 인사를 하는 것입니다. 땅의 임금들이 그와 음행을 했다는 것은 세계 정치 지도자들이 로만 가톨릭과 정치적 종교적으로 결탁한 것을 의미하는 것입니다. 바티칸은 실제로 하나의 국가이며 유엔에도 가입되어 있습니다. 바티칸은 전 세계에 천주교의 입지를 넓히고 교황의 권력을 유지 확장하는 수단으로 존재하는 단체에 불과함에도 국가로서의 자격을 갖고 세상 왕들에게 영향력을 행사하고 있는 것입니다.

이러한 권세를 특별히 잘 이용하여 천주교 포교에 성공한 대표적인 곳이 중남미의 국가들입니다. 정치 경제적으로 후진한 중남미 대부분의 국가들에게 토속 신도 섬기고 하나님을 믿어도 된다는 가르침으로 미혹함으로써 중남미의 대부분의 국가들은 천주교가 거의 국교처럼 되어 버렸습니다. 이것은 땅의 임금들이 그와 음행을 했다는 성경 말씀이 이루어진 좋은 예 중의 하나입니다.

땅에 사는 자들도 그 음행의 포도주에 취했다는 것은 천주교 신자들이 천주교에 미혹된 것을 비유로 표현한 것입니다. 음녀가 짐승을 타고 있는 것은 짐승으로 비유된 적그리스도와 로만 가톨릭이 함께 협력하는 것을 보여주는 것입니다. 로만 가톨릭은 종교를 통합하고 적그리스도는 정치 경제를 통합하려는 일을 하고 있습니다.

이 음녀가 자주 빛과 붉은 빛 옷을 입고 각종 보석으로 꾸미고 금장을 가진 것은 교황의 사치스러운 삶을 표현한 것입니다. 실제로 교황은 자주 빛과 붉은 빛 제복을 종종 입으며 보석으로 치장을 하는 사람입니다. 그리고 천만 원이 넘는 의자를 사용합니다. 바티칸은 매우 부유한 조직입니다.

가증한 것과 음행의 더러운 것들이 가득하다는 것은 바티칸의 건물만 한 번 둘러보아도 알 수 있습니다. 많은 우상의 조각들이 있는데 그 중에는 기괴한 모습을 한 것들도 많이 있습니다. 바티칸 건물 안에도 용의 형상들을 곳곳에서 발견 할 수 있습니다.

이 음녀의 이름이 비밀이며 바벨론이라고 합니다. 교황청은 모든 일을 비밀리에 진행합니다. 교황 선출도 비밀로 합니다. 사제들의 성추문이나 예수회의 은밀한 범죄들이 적지 않게 발생하지만 세상에는 잘 드러나지 않습니다. 그러므로 그 이름이 비밀인 것입니다. 그 행위가 악하고 가증하므로 바벨론이라 불리는 것입니다.

그리고 땅의 음녀들과 가증한 것들의 어미라고 합니다. 천주교는 조상에게 제사를 지내는 것을 허용합니다. 즉 이 말의 뜻은 다른 귀신도 섬기면서 천주교를 믿어도 된다는 것입니다. 어차피 자신들도 사탄을 섬기니 그렇게 가르치는데 아무 꺼리낌이 없는 것입니다. 즉 천주교는 모든 귀신들이 모여있는 곳이며 그 중에서도 우두머리 행세를 하는 것입니다. 그러므로 땅의 음녀들과 모든 가증한 것의 어미라는 칭호를 갖는 것입니다.

요한이 이 음녀를 보았는데 성도들의 피에 취해있다고 합니다. 로만 가톨릭은 과거 일천칠백 년간 약 칠천만 명의 기독교인을 죽였습니다. 죽임 당한 사람들은 천주교가 음녀라는 사실과 가르침이 틀린 것을 알고 천주교를 따르지 않은 사람들입니다. 즉 이들은 신실하고 참된 기독교인들로서 천주교에 의해 순교당한 것입니다. 인류 역사상 기독교인을 가장 많이 죽인 단체가 천주교라는 것은 그들의 정체가 무엇인지를 다시 한번 드러내는 것입니다. 이렇게 많은 믿는 자들을 죽였으므로 성도들의 피에 취했다고 표현하는 것입니다.

51
큰 음녀의 종말

이상으로 살펴 본 것처럼 17장의 바벨론은 음녀 로만 가톨릭을 상징하는 것이라는 것을 분명하게 알게 되었습니다. 이제는 음녀 로만 가톨릭의 종말을 보겠습니다.

"네가 본 바 이 열 뿔과 짐승은 음녀를 미워하여 망하게 하고 벌거벗게 하고 그의 살을 먹고 불로 아주 사르리라" "이는 하나님이 자기 뜻대로 할 마음을 그들에게 주사 한 뜻을 이루게 하시고 그들의 나라를 그 짐승에게 주게 하시되 하나님의 말씀이 응하기까지 하심이라" (계

17:16-17).

짐승과 열 뿔은 적그리스도와 열 왕으로 나중에 로만 가톨릭을 멸망시킵니다. 그런데 멸망당하는 모습이 매우 참담합니다. 망하게 하고, 벌거벗게 하고, 그 살을 먹고, 불로 아주 사른다고 합니다. 로만 가톨릭이 이렇게 처참하게 망하는 것은 그 동안 지은 죄가 너무 큼으로 하나님의 진노가 극에 달했기 때문인 것입니다. 천주교는 신도들을 모아 예수를 믿는 것 처럼 가장하고 실제로는 마리아 우상 앞에 절하며 사탄을 섬기도록 한 것입니다.

지금 천주교인 수가 십억이 넘습니다. 기독교인 수보다 삼억 이상이나 더 많습니다. 마지막 때에 교황도 죽고 천주교의 모든 성직자들도 죽고 신자들도 모두 죽는 것입니다. 즉 십억 명이 넘는 천주교가 환난을 거치며 총체적으로 멸망하는 것입니다.

천주교가 죄 중에 당연히 심판을 받는 것이지만 천주교가 멸망당해야 하는 또 다른 이유가 있습니다. 그것은 권력을 짐승에게 즉 적그리스도 한 사람에게 밀어주기 위한 것입니다. 교황도 세계를 지배하려는 야심이 있습니다. 정치와 종교를 통합하여 왕과 제사장으로 군림하려는 계획을 갖고 있습니다. 또한 바티칸을 예루살렘으로 옮기려는 꿈도 포기하지 않고 있습니다.

이러한 권력욕을 갖고 있는 교황을 살려두면 나중에 적그리스도의 라이벌로 부상할 것이 분명합니다. 그러므로 적그리스도는 교황을 죽일 수 밖에 없으며 그것은 하나님의 섭리 안에서 이루어지는 것입니다. 이것을 말씀하는 것이 요한계시록 17장 17 절인데 음녀를 죽게한 이유가 나라를 짐승에게 주기 위한 것이 라고 말씀합니다.

52
천주교에는 구원이 없다

요한계시록을 통하여 교황과 로만 가톨릭의 정체를 알게 되 었고 그들의 마지막 운명이 얼마나 처참하게 끝나는지도 배웠습 니다. 여기서 여러분 중에 천주교를 기독교의 형제 종교로 또는 그들이 말하는 것처럼 기독교의 큰 집 종교로 여겼던 사람들이 있다면 새로운 깨달음을 얻은 것입니다. 혹시 가족이나 친지 중 에 또는 주변의 아는 사람들 중에 천주교를 믿는 사람들이 있다 면 미혹에서 돌이키도록 돕고 전도를 해야 할 것입니다. 전도를 하여도 잘 안돌아 오려고 합니다. 그럼에도 불구하고 이 영혼들 을 불쌍히 여기는 마음으로 전도를 해보기 바랍니다.

어떤 사람들은 천주교 안에서도 예수를 잘 믿으면 구원받는 다고 말합니다. 또 어떤 사람들은 천주교 안에도 성령 운동과 성령의 역사가 있고 치유와 기적들이 일어난다고도 말합니다. 그 러나 천주교는 교리도 이단일 뿐더러 그 안에서 예배를 보는 자 체가 사탄을 경배하는 것입니다. 마리아 우상 앞에 절하고 우상의 이름으로 기도하는 자들에게 어떻게 구원이 있겠습니까? 천주교 안에서의 성령의 역사가 바른 것이라면 성령을 받은 사람들은 천주교를 떠나게 됩니다. 왜냐하면 진리의 영인 성령께서 천주교의 미혹도 분별 못하고 성령을 받은 채 계속 천주교 안에 남아 있게 하지는 않을 것이기 때문입니다.

다시 말씀하면 천주교 안에서 성령의 역사라고 말하는 것들은 성령의 열매가 나타나지 않고 천주교가 미혹이라는 깨달음을 주지 않는다면 모두 귀신의 역사인 것입니다. 겉으로는 구분이 안되므로 속는 것입니다. 그러니 천주교에는 희망도 구원도 없습니다. 천주교인들은 회개하고 천주교를 떠나지 않는 한 한 사람도 구원받지 못합니다.

53
교황은 첫째 짐승(적그리스도)도 아니고 둘째 짐승(거짓 선지자)도 아니다

교황을 첫째 짐승인 적그리스도나 둘째 짐승인 거짓 선지자라고 예언하는 사람들이 많이 있습니다. 그러나 지금까지 살펴본 것처럼 교황은 17장에 나오는 음녀로 적그리스도에게 죽임을 당합니다. 그러니 교황은 적그리스도가 될 수 없는 것입니다. 그리고 거짓 선지자는 적그리스도를 보필하여 실제로 악을 행하고 사람들을 죽이는 실무 책임자입니다. 그러니 교황은 거짓 선지자도 아닌 것입니다.

영국 사람들을 로만 가톨릭의 미혹으로부터 돌이키는데 기여를 한 최초의 영어 성경인 제네비 성경에는 그 당시의 신학자들이 주석을 달아 놓았는데 그 주석에는 교황을 적그리스도라고 명기해 놓았습니다. 그 당시 악한 권력자로서의 교황을 적절히 평가한 것은 사실입니다. 그러나 교황이 적그리스도의 영을 가진 자로서 적그리스도 세력이기는 하지만 일인 적그리스도는 아닌 것입니다.

이것도 작은 미로가 될 수 있습니다. 우리는 영적 전쟁 가운데 있는데 적을 바르게 알아야 잘 싸울 수 있을 것입니다. 교황을 적그리스도나 거짓 선지자로 잘못 알면 실제 적그리스도와 거짓 선지자를 분별하지 못하게 될 것입니다. 그러니 세상에 떠 도는 다른 이론들로 인해 요한계시록의 신비한 숲을 여행하는 여러분들이 시간과 노력을 허비하지 않아야 겠습니다. 작은 미로도 피해가야 겠습니다.

54
십팔 장의 바벨론은 미국

미국이 성경에 예언되어 있다는 것을 깨닫는 사람들이 많지 않습니다. 그러나 미국은 요한계시록 18장의 바벨론으로 예언되어 있으며 구약의 예언서에도 멸망하는 바벨론으로 여러 차례 예언되어 있습니다. 다니엘서에도 북방 왕에게 패하는 남방 왕으로 등장합니다. 또한 미국은 근대 역사에서 가장 악을 많이 행한 나라 중에 하나입니다. 그 죄로 인하여 미국은 로만 가톨릭과 함께 마지막 때 가장 처참하게 심판을 받는데 그 심판의 구체적인 내용을 기록해 놓은 것이 요한계시록 18장입니다.

"힘찬 음성으로 외쳐 이르되 무너졌도다 무너졌도다 큰 성 바벨론이여 귀신의 처소와 각종 더러운 영이 모이는 곳과 각종 더럽고 가증한 새들이 모이는 곳이 되었도다" "그 음행의 진노의 포도주로 말미암아 만국이 무너졌으며 또 땅의 왕들이 그와 더불어 음행하였으며 땅의 상인들도 그 사치의 세력으로 치부하였도다 하더라" (계 18:2-3).

이 구절의 말씀은 17장의 음녀 바벨론을 수식한 것과 비슷하다는 것을 알 수 있습니다. 그 이유는 음녀 로만 카톨릭은 종교의 바벨론이고 미국은 경제와 문화의 바벨론이기 때문입니다. 미국은 사교 집단인 프리메이슨과 일루미나티가 가장 많은 곳입니다. 사탄의 문화인 뉴에이지 운동의 본산지이며 사탄숭배 교회가 적지 않습니다. 미국의 많은 지도자들이 이러한 더러운 사교나 문화에 은밀하게 관여하고 있는 것은 공공연한 사실입이다. 그러므로 귀신의 처소이고 각종 더러운 영이 모이는 곳이라는 수식어는 현재의 미국에 응하는 것입니다.

그 음행의 진노의 포도주로 말미암아 만국이 무너졌다는 것은 미국의 퇴폐 문화를 세계 전역에 유포시켜 많은 나라들도 함께 타락하도록 했다는 의미입니다. 미국은 음란물을 가장 많이 생산하고 사용하고 수출하는 국가이며 마약을 가장 많이 사용하고 거래하는 나라 중에 하나입니다. 2015년에는 동성결혼을 연방법으로 제정하였으며 다른 국가들도 동성 결혼을 허용하도록 대사를 보내어 홍보까지 합니다.

1960년대에 미국에서 시작된 술과 마약과 락뮤직의 히피문화는 1970년대에 이미 한국의 청소년들을 방종한 삶으로 이끌었을 뿐더러 온 세계에 나쁜 영향을 주었습니다. 지금도 미국은 헐리우드 영화와 음악, 오락물들로 세계 문화를 타락시키는데 주도적인 역할을 하고 있습니다. 음행의 포도주로 만국을 무너뜨리고 있는 것입니다.

땅의 왕들이 더불어 음행을 하고 상인들이 그 사치의 세력으로 치부를 하였다는 것은 미국과 다른 국가의 왕들이 이익을 위하여 서로 결탁한 것과 경제인들이 미국과 거래하여 부를 쌓은 것을 의미합니다. 17장의 음녀 바벨론과 다른 부분이 이것입니다. 17장의 바벨론은 상인이 치부했다는 표현도 없으며 상인이라는 단어도 등장하지 않습니다. 즉 18장의 바벨론은 17장의 바벨론과 다른 것이라는 것을 여기서 분별할 수 있는 것입니다. 이러한 설명을 하는 이유는 17장과 18장의 바벨론을 같은 것으로 해석하는 사람들이 있기 때문입니다.

그러나 이 두 바벨론은 다른 것입니다. 18장에는 상인들이 망하였다는 표현이 여러 차례 언급되어 있습니다. 그러므로 18장의 바벨론은 경제의 바벨론인 미국이지 로만 가톨릭이 될 수 없습니다. 또한 18장 1절이 "이 일 후에"라는 말로 시작을 합니다. 이 말의 의미는 17장에 대한 일은 끝났다는 것입니다. 다시 말하면 18장에는 다른 주제를 다룬다는 의미가 들어 있는 것입니다. 이처럼 문장을 잘 관찰하기만 하여도 17장과 18장은 다른 것을 주제로 다루고 있다는 것을 알 수 있습니다.

55
미국에서 나오라

하나님께서는 마지막 때에 미국이 받을 심판이 너무 엄중하므로 그 곳에서 나올 것을 당부합니다.

"또 내가 들으니 하늘로부터 다른 음성이 나서 이르되 내 백성아 거기서 나와 그의 죄에 참여하지 말고 그가 받을 재앙들을 받지 말라" "그의 죄는 하늘에 사무쳤으며 하나님은 그의 불의한 일을 기억하신지라" "그가 준 그대로 그에게 주고 그의 행위대로 갑절을 갚아 주고 그가 섞은 잔에도 갑절이나 섞어 그에게 주라" (계 18:4-6).

이 구절은 미국의 죄가 상상을 초월할 정도로 크다고 말씀합니다. 그 죄가 얼마나 큰지 하늘에 사무쳤다는 표현을 하고 있습니다. 그 불의한 일을 하나님께서는 모두 기억하고 있나고 합니다. 그렇다면 미국의 이러한 죄들이 무엇이겠습니까? 우선 미국의 역사를 통하여 미국이 범한 대표적인 큰 죄 몇 가지를 살펴보겠습니다.

신대륙에 이민을 온 그룹은 크게 두 부류입니다. 한 그룹은 1620년에 메이플라워호를 타고 메사츄세스 케이프 코드에 도착한 일백이 명과 이어서 수년 후에 들어 온 수십 명의 사람들로서 이들을 필그림이라고 합니다. 이 사람들은 부유하지 않았고 순수하게 종교의 자유를 찾아 미국으로 온 사람들로서 미국에 도착하자 마자 교회를 세우며 이민생활을 시작하였습니다. 그러나 도착한 첫 해의 겨울을 지나며 병과 추위로 거의 절반이 죽었습니다. 이 죽은 사람들은 하나님께서 그들의 믿음을 받고 일찌기 영원한 안식으로 인도한 것으로 여겨집니다.

다른 한 부류는 1930년대부터 신대륙으로 온 사람들로서 정치 경제적인 목적을 가진 부유한 사람들이 주류를 이루었는데 이들을 청교도라 부릅니다. 보통은 최초의 미국 조상을 청교도라고 하는데 실제로는 필그림이 미국의 조상이며 청교도와 필그림은 차이가 있습니다.

이렇게 신대륙에 온 영국 사람들은 세월이 흐르면서 두 가지 서로 상반되는 미국의 역사를 쓰게 됩니다. 한편에서는 인디언들을 죽이고 다른 한편에서는 인디언들을 불쌍히 여겨 전도를 합니다. 한편에서는 흑인 노예를 부리며 자신의 살을 찌우고 다른 한편에서는 그들의 인권과 해방을 위하여 노력을 합니다. 미국이 세계적인 강대국으로 세워지기까지 이러한 두 가지 큰 죄즉 인디언 사냥과 흑인 노예 학대의 죄를 범했습니다.

근대 역사로 들어와서 미국이 지은 죄는 1945년 8월 일본에 원자폭탄을 떨어뜨려 무고한 사람 20만 명을 죽인 것입니다. 전쟁 중에 폭격을 한 것이지만 죽은 사람들은 군인들이 아니었습니다. 하나님께서 미국을 들어 일본을 심판 한 것이지만 심판의 도구로 사용된 자의 죄 값도 묻는 것이 하나님의 공의입니다. 그 폭격으로 히로시마 주민 오만 명과 나가사키 주민 삼만 명이 즉사했으며 그 후에 원자폭탄의 후유증으로 죽은 사람들을 모두 합하면 약 이십만 명에 달합니다. 미국이 지은 이 죄가 작지 않습니다.

원자폭탄 두 개로 미국은 온 세계에 자신이 최강국임을 선포하였지만 교만해진 미국은 이 때부터 영적 문화적 타락의 길을 걷기 시작하였습니다. 강해지고 부유해지면 교만하게 되며 하나님을 떠나게 됩니다. 웃시야 왕이 그러했고 솔로몬 왕이 그러했습니다. 가나안에 들어간 이스라엘 백성들도 그러했으며 지금 미국도 교만으로 멸망의 길을 걷고 있습니다. 칼을 가진 자는 칼로 망한다는 진리가 현재 핵무기를 가진 교만한 국가들에게 응할 날도 멀지 않았으며 미국도 그 중에 하나가 될 것입니다.

56
미국을 망하게 하는 자들

1917년과 1918년에는 미국에 걸중한 인물 두 사람이 일 년을 간격으로 태어납니다. 한 사람은 존 에프 케네디이고 한 사람은 빌리 그레함입니다. 케네디는 대통령이 되어 그동안 학교에서 수업 전에 늘 하던 기도와 신앙의 목적으로 학교에서 성경을 읽는 것을 금합니다. 케네디 대통령은 이러한 패역한 일을 저지른 후 그 다음 해에 암살당해 죽었습니다. 케네디는 대통령이 된 후에 혼외 정사로 자신의 가정과 국가를 부끄럽게 하였지만 대통령이 되기 전부터 스캔달이 많았던 음란한 사람이었습니다.

케네디는 미국 역사상 유일한 천주교 신자 대통령이었으며 기독교 신자가 아닌 대통령이었습니다. 천주교의 영이 뚜렷하게 정체를 드러낸 것입니다. 영적인 음란과 육적인 음란은 동전의 양면처럼 함께 가는 것입니다. 이 음란한 대통령이 나라를 하나님으로부터 멀어지게 하는 결정적인 죄를 지은 것입니다.

케네디가 정치 지도자로서 미국을 타락시켰다면 빌리 그레함은 종교 지도자로서 미국을 타락 시킨 주범입니다. 빌리 그레함은 청년 때부터 로만 가톨릭에 의해 다른 목적을 위하여 의도적으로 키워진 사람입니다. 유명하게 되도록 청중을 동원하고 돈으로도 지원하였습니다. 로만 가톨릭이 이 사람을 키운 목적은 나중에 기독교와 천주교를 통합하는데 이용하기 위한 것이었습니다.

실제로 빌리 그레함은 남미의 집회에서 기독교인들에게 천주교로 돌아가라는 메시지를 전하기도 하였습니다. 이 사람은 성령의 은사를 부인하며 성령 세례에 대하여는 언급을 한 적도 없습니다. 심지어는 설교 중에 주를 찬양한다는 말도 한 적이 없는 사람입니다. 사탄의 종 노릇을 하고 다니니 주를 찬양한다는 말이 나오지 않았을 것입니다.

이 사람이 조직한 크루세이드 즉 십자군은 그 이름부터가 적절하지 않습니다. 십자군은 하나님의 이름으로 무슬림을 학살한 천주교의 범죄 군단입니다. 십자군은 무슬림만 죽인 것도 아닙니다. 유대인도 죽였고 기독교인도 죽였습니다. 이처럼 인류 역사상 가장 큰 살생을 저지른 자들을 십자군이라고 부르는데 복음 전파 단체의 이름을 십자군이라고 명명한 것은 소름끼치는 난센스인 것입니다. 또한 이사람이 십자군이라는 이름을 붙인 자체가 이 사람은 그리스도의 종이 아니라 바티칸의 종인 것을 드러내는 것입니다. 영국의 영적인 지도자 중에 한 사람인 마틴 로이드 존스 목사는 이 사람의 거짓 종 행태를 안타깝게 여겨 충고를 한 적도 있으나 듣지 않았습니다.

빌리 그레함은 얼마 전에 구십구 세의 나이로 죽었습니다. 죽기 전까지 파키슨씨 병으로 오랫 동안 활동을 하지 못했습니다. 하나님께서 이 사람의 입과 몸을 삼십 년 넘게 묶어 놓은 것입니다. 당대의 가장 위대한 복음 전도자로 알려진 빌리 그레함은 실제로 가장 악명 높은 거짓 전도자이며 현재의 미국의 영적 타락에 선구자적인 역할을 한 인물인 것입니다. 미국이 하나님을 떠나 스스로 부유하고 강한 것을 자랑하므로 게네디와 빌리 그레함 같은 다락한 종들을 보내어 미국의 죄를 더 쌓게 만든 것입니다.

그러나 미국의 큰 죄는 여기에서 멈추지 않았습니다. 점점 더 심화되어 왔습니다. 그리하여 이제는 그 죄가 절정에 이르게 되었습니다. 미국의 죄를 더 이상 갈 수 없을 정도로 절정에 이루게 한 유명한 사람이 있습니다. 그 사람의 이름은 바락 후세인 오바마이며 얼마 전까지 미국의 대통령이었습니다.

이 사람은 대통령이 되기 전 상원의원 시절부터 성경 말씀을 조롱하며 다니던 사람이었습니다. 자신은 성경 말씀을 정치에 적용하지 않으며 아들을 돌로 쳐 죽이라는 하나님의 계명을 공개적으로 비웃은 사람입니다. 미국 국민들은 이 사람의 패역함을 알고도 대통령으로 선출을 한 것입니다. 즉 이 사실은 미국 국민들 자체가 하나님으로 부터 많이 멀어진 것을 반증하는 것이기도 합니다.

오바마가 백악관에 들어와 가장 먼저 한 일 중에 하나가 백악관의 목사를 내쫓은 것입니다. 그리고 예배보던 장소에 게이 이백오십 명을 초대한 것입니다. 동성애의 죄 가운데 있는 자들을 모아 그 죄를 독려하고 위로한 것입니다. 모든 죄들 중에도 하나님께서 가장 미워하는 죄 중에 하나가 동성 연애입니다. 이 죄로 소돔과 고모라의 주민 중에 네 명을 제외한 모든 사람이 유황불에 타 죽었습니다. 이 사람의 악은 여기서 그치지 않았습니다. 백악관에서 일하는 사람들에게 알라에게 절하는 시간을 허용하였습니다. 그의 혈육 중에 하나는 백악관에서 닭 피를 뿌리며 귀신에게 제사를 지냈습니다.

오바마는 겉으로는 기독교인 행세를 하나 실제는 이슬람 교도입니다. 그러므로 그가 대통령 취임시 성경에 손을 얹고 하나님께 맹세한 것은 거짓 맹세인 것입니다. 미국의 이백삼십 년 역사 가운데 마침내 귀신에게 절하는 대통령이 세워진 것은 이제 미국이 갈 때까지 간 것을 보여주는 것입니다. 그리하여 미국은 2015년 6월 26일에 동성결혼을 연방법으로 제정하기까지 이른 것입니다. 이제 미국은 하나님으로 부터 사형선고를 받은 것이며 형 집행 날짜만 기다리는 형국이 된 것입니다.

이 외에도 세상에 드러나지 않은 미국의 죄들이 많이 있을 것입니다. 미국의 죄를 고발하는 사람들이 있고 책으로 폭로하기도 합니다. 그러나 대중에게는 음모론이나 소문 정도로 덮히는 것이 대부분입니다. 어떤 일은 소수의 사람들만 알고 있습니다. 어떤 죄는 하나님만 알고 있을 것입니다. 자신들의 이익을 위해서라면 다른 국가를 침공하고 그 나라의 대통령을 죽이는 일도 서슴치 않는 나라는 현재 지구상에 미국 밖에 없다는 것은 사실입니다. 이렇게 하는 것은 악한 것입니다. 그러므로 하나님께서는 미국을 매우 중하게 심판할 것을 경고하는 것입니다. 그 행위의 갑절로 갚을 것이니 성도들에게 미국을 떠나라고 명하는 것입니다.

57
한 순간에 멸망하는 미국

18장에는 부유하고 교만한 미국이 망하는 것을 잘 묘사하고 있는데 그 중에 특징적인 것이 있습니다. 그것은 미국이 한 순간에 망한다는 것입니다.

"그러므로 하루 동안에 그 재앙들이 이르리니 곧 사망과 애통함과 흉년이라 그가 또한 불에 살라지리니 그를 심판하시는 주 하나님은 강하신 자이심이라"(계 18:8).

"그의 고통을 무서워하여 멀리 서서 이르되 화 있도다 화 있도다 큰 성, 견고한 성 바벨론이여 한 시간에 네 심판이 이르렀다 하리로다"(계 18:10).

"그러한 부가 한 시간에 망하였도다 모든 선장과 각처를 다니는 선객들과 선원들과 바다에서 일하는 자들이 멀리 서서"(계 18:17).

"티끌을 자기 머리에 뿌리고 울며 애통하여 외쳐 이르되 화 있도다 화 있도다 이 큰 성이여 바다에서 배 부리는 모든 자들이 너의 보배로운 상품으로 치부하였더니 한 시간에 망하였도다"(계 18:19).

미국이 망하는데 오랜 시간이 걸리지 않습니다. 순식간에 망하는 것입니다. 그러므로 하루 동안 또는 한 시간에 망한다는 표현이 무려 네 번이나 나오는 것입니다. 이것은 미국이 핵으로 멸망한다는 의미가 숨어 있다고 할 수 있습니다. 요한계시록 9장에는 핵전쟁으로 지구의 삼분의 일이 죽는 것이 예언되어 있습니다. 몇년 몇월 며칠 몇시에 즉 한 순간에 인류의 삼분의 일이 죽는 것이 예언되어 있습니다. 여기서 또 한가지 중요한 포인트는 미국이 망하는데 그가 쌓아 놓은 부가 망한다는 것입니다. 여기에서도 이 망하는 바벨론이 미국이라는 것을 알 수 있습니다.

전세계를 통틀어 미국만큼 부유하고 사치한 나라가 없습니다. 지금 미국은 영원히 부와 권력을 누릴 온 세상의 여왕처럼 행세하고 있습니다. 이러한 미국이 마지막 때에 한 순간에 불과 여러 가지 재앙으로 멸망하는 것입니다. 어떤 사람들은 18장의 바벨론을 이 세상으로 막연하게 해석하기도 하는데 그것은 틀린 것입니다. 이 세상이 이처럼 부유하지 않습니다. 세계적으로 부유한 나라는 몇 되지 않으며 많은 나라들이 매우 궁핍합니다. 그러므로 18장의 바벨론은 이 세상을 의미하는 것이 아니며 세상에서 가장 부유한 미국을 의미하는 것입니다.

미국이 멸망하는 모습은 다른 어떤 멸망의 모습보다도 참담합니다. 핵으로 전국이 초토화 될 것이며 핵전쟁에서 살아 남은 자들도 철저하게 심판을 받아 결국 맷돌이 바다에 던져진 것 처럼 진멸당하는 것입니다.

"이에 한 힘 센 천사가 큰 맷돌 같은 돌을 들어 바다에 던져 이르되 큰 성 바벨론이 이같이 비참하게 던져져 결코 다시 보이지 아니하리로다" "또 거문고 타는 자와 풍류하는 자와 통소 부는 자와 나팔 부는 자들의 소리가 결코 다시 네 안에서 들리지 아니하고 어떠한 세공업 자든지 결코 다시 네 안에서 보이지 아니하고 또 맷돌 소리가 결코 다시 네 안에서 들리지 아니하고" "등불 빛이 결코 다시 네 안에서 비치지 아니하고 신랑과 신부의 음성이 결코 다시 네 안에서 들리지 아니하리로다 너의 상인들은 땅의 왕족들이라 네 복술로 말미암아 만국이 미혹되었도다" (계 18:21-23).

큰 성 바벨론 미국이 맷돌처럼 바다 속에 던져져 결코 다시는 보이지 않습니다. 다시 회복하여 정상적인 삶으로 돌아 올 수 없는 것입니다. 모든 경제, 문화, 사생활이 불가능하게 되는 것입니다. 이러한 벌을 받도록 죄를 지은 자들은 다름이 아닌 상인들 즉 부자들이며 이들이 왕족인 것입니다. 왜냐하면 이들이 실제로 세상을 다스리기 때문입니다. 미국을 지배하는 부자들이 미국뿐만 아니라 온 세상을 타락하게 한 죄들이 엄중하므로 미국이 소돔과 고모라 보다 더한 심판을 받는 것입니다.

58
평화롭게 망한 고대의 바벨론

이스라엘은 바벨론에 의해 칠십 년간 지배를 받았습니다. 그 기간은 바벨론 왕이 여호야김 왕에게 더 이상 애굽을 섬기지 말고 바벨론을 섬길 것을 명한 때 부터 바벨론이 멸망하고 바사의 고레스 왕이 이스라엘 백성을 해방시킨 때까지 입니다. 연대로 보면 대략 BC 607년경부터 BC 537년경까지 입니다. 이스라엘이 바벨론에 의해 칠십 년간 지배를 받게 된 이유는 이스라엘이 사백구십 년간 안식년을 지키지 않았기 때문입니다. 안식년을 지키지 않은 횟수가 칠십 번이므로 칠십 년간 바벨론을 섬기게 한 것입니다. 이들을 바벨론으로 잡혀가게 함으로써 땅을 쉬게한 것입니다.

하나님께서는 이스라엘 백성들에게 바벨론으로 순순히 끌려가면 그 곳에서 평안하게 살도록 하겠다고 약속을 하였습니다. 그러나 시드기야 왕은 이 말씀에 불순종하여 자식들도 모두 죽임을 당하고 자신도 눈알이 뽑힌 채 죽임을 당했고 예루살렘 성과 성전은 무너졌습니다. 그럼에도 불구하고 하나님께서는 이스라엘 백성들이 바벨론에서 평안히 살다가 다시 이스라엘로 돌아오는 약속을 지켰습니다. 돌아올 때 재물과 성전 건축에 필요한 모든 물질도 공급하였습니다. 바사왕 고레스의 도움으로 평안히 이스라엘로 돌아왔습니다.

바벨론이 칠십 년 동안 제국을 누리다가 메데와 바사에게 멸망을 당한 이유는 하나님께서 그렇게 예언을 하였기 때문입니다. 바벨론이 메대와 바사에게 정복을 당하는 것은 다니엘서에 매우 짧게 언급되어 있습니다. 다니엘 5장 28절에서 31절까지를 보겠습니다.

"베레스는 왕의 나라가 나뉘어서 메대와 바사 사람에게 준 바 되었다
힘이니이다 하니" "이에 벨사살이 명하여 그들이 다니엘에게 자주색
옷을 입히게 하며 금 사슬을 그의 목에 걸어 주고 그를 위하여 조서
를 내려 나라의 셋째 통치자로 삼으니라" "그 날 밤에 갈대아 왕 벨사
살이 죽임을 당하였고" "메대 사람 다리오가 나라를 얻었는데 그 때
에 다리오는 육십이 세였더라" (단 5:28-31).

이 때에 바벨론 왕 벨사살은 귀족 천 명을 데리고 큰 잔치를
벌이고 있었습니다. 그 잔치 중에 다니엘이 벽에 적힌 글을 해석
해 주자 벨사살 왕은 다니엘을 총리로 지명하고 자신은 그날 밤
에 죽고 메대왕 다리오가 나라를 접수한 것입니다. 이 상황을 보
면 메대와 바사가 바벨론을 점령할 때에 큰 전쟁이 없었던 것을
쉽게 추측할 수 있습니다. 전쟁 중에 왕이 왕궁에서 천 명이나
불러 술잔치를 벌이고 있지는 않았을 것이기 때문입니다.

실제 바벨론 역사에도, 바사 역사책에도 메대와 바사는 바벨
론을 싸움 없이 접수 하였으며 바벨론 국민들은 바사 왕을 평화
롭게 환영하였다고 기록하고 있습니다. 만약에 이 때에 전쟁이
있었다면 이스라엘 사람도 많이 죽고 다쳤을 것입니다. 그렇게
되면 하나님께서 이스라엘 백성이 바벨론에 평안히 있다가 돌아
오도록 하겠다는 약속을 어기는 것이 될 것입니다. 즉 하나님의

예언이 지켜지기 위하여도 바벨론은 전쟁없이 망해야 하는 것입니다.

59

구약에 예언된 미국

지금까지 이스라엘 백성이 바벨론에 평안히 있다가 이스라엘로 돌아온 사실을 성경은 물론 역사책의 기록을 들어 설명을 하였습니다. 이러한 설명을 길게 한 이유가 있습니다. 이사야서와 예레미야서에 소개되는 바벨론에 대한 예언을 바르게 풀기 위한 것이다. 성경은 바벨론에 대한 예언을 여러 차례 하고 있습니다. 그중에 상당 부분이 고대의 바벨론에 관한 것이 아닙니다. 바벨론에 대한 예언 중 많은 부분이 지금의 미국에 대하여 말씀하고 있습니다.

일반적으로 예언서는 그 당시와 마지막 때를 이중으로 예언합니다. 다시 말하면 어떤 예언은 그 당시에만 해당되며 어떤 예언은 마지막 때에만 해당되며 어떤 것은 그 당시와 마지막 때를 함께 예언합니다. 이러한 기본적인 예언서에 대한 지식을 갖고 바벨론에 대한 예언들을 보면 놀랍게도 미국에 대하여 말씀하고 있는 것을 깨달을 수 있습니다.

"열국의 영광이요 갈대아 사람의 자랑하는 노리개가 된 바벨론이 하나님께 멸망당한 소돔과 고모라 같이 되리니" "그 곳에 거주할 자가 없겠고 거처할 사람이 대대에 없을 것이며 아라비아 사람도 거기에 장막을 치지 아니하며 목자들도 그 곳에 그들의 양 떼를 쉬게 하지 아니할 것이요" (사 13:19-20).

"그러므로 사막의 들짐승이 승냥이와 함께 거기에 살겠고 타조도 그 가운데에 살 것이요 영원히 주민이 없으며 대대에 살 자가 없으리라" "여호와의 말씀이니라 하나님께서 소돔과 고모라와 그 이웃 성읍들을 뒤엎었듯이 거기에 사는 사람이 없게하며 그 가운데 머물러 사는 사람이 아무도 없게 하시리라" (렘 50:39-40).

이 구절들은 바벨론이 바사에게 멸망당하여 소돔과 고모라 같이 될 것이라고 말씀하고 있습니다. 그러나 이미 설명하였듯이 바벨론은 바사에게 소돔과 고모라처럼 멸망당한 적이 없습니다. 전쟁 없이 망했습니다. 그러나 계시록 18장은 미국이 불과 기타 재앙으로 처참하게 멸망당하여 사람들의 소리가 들리지 않는 것으로 예언되어 있습니다. 그러므로 여기에서의 바벨론에 대한 예언은 미국에 대한 예언인 것입니다.

"그러므로 사치하고 평안히 지내며 마음에 이르기를 나뿐이라 나 외에 다른 이가 없도다 나는 과부로 지내지도 아니하며 자녀를 잃어버리는 일도 모르리라 하는 자여 너는 이제 들을지어다" "한 날에 갑자기 자녀를 잃으며 과부가 되는 이 두 가지 일이 네게 임할 것이라 네가 무수한 주술과 많은 주문을 빌릴지라도 이 일이 온전히 네게 임하리라"(사 47:8–9).

이 구절은 이사야 47장 8절과 9절에 기록된 바벨론에 대한 말씀인데 요한계시록 18장 7절 말씀과 유사합니다.

"그가 얼마나 자기를 영화롭게 하였으며 사치하였든지 그만큼 고통과 애통함으로 갚아 주라 그가 마음에 말하기를 나는 여왕으로 앉은 자요 과부가 아니라 결단코 애통함을 당하지 아니하리라 하니"(계 18:7).

즉 이 예언의 말씀도 과거의 바벨론이 아니라 지금의 미국에 대하여 예언하는 것임을 알 수 있습니다. 다음은 이사야 48장 20절을 보겠습니다.

"너희는 바벨론에서 나와서 갈대아인을 피하고 즐거운 소리로 이를 알게 하여 들려 주며 땅 끝까지 반포하여 이르기를 여호와께서 그의 종 야곱을 구속하셨다 하라"(사 48:20).

이 구절은 계시록 18장 4절의 말씀과 유사한 것을 알 수 있습니다.

"또 내가 들으니 하늘로부터 다른 음성이 나서 이르되 내 백성아 거기서 나와 그의 죄에 참여하지 말고 그가 받을 재앙들을 받지 말라"(계 18:4).

그러므로 이 말씀도 옛날 바벨론이 아니라 지금의 바벨론 미국을 말하는 것입니다. 다음은 예레미야 50장 2절, 3절을 보겠습니다.

"너희는 나라들 가운데에 전파하라 공포하라 깃발을 세우라 숨김이 없이 공포하여 이르라 바벨론이 함락되고 벨이 수치를 당하며 므로닥이 부스러지며 그 신상들은 수치를 당하며 우상들은 부스러진다 하라" "이는 한 나라가 북쪽에서 나와서 그를 쳐서 그 땅으로 황폐하게 하여 그 가운데에 사는 자가 없게 할 것임이니라 사람이나 짐승이 다 도망할 것임이니라"(렘 50:2-3).

이미 설명한 것처럼 바벨론은 사람이 살 수 없을 정도로 황폐하게 망하지 않았습니다. 평화롭게 바사에게 정복되었습니다. 그러므로 여기서의 바벨론도 현재의 미국을 의미합니다. 그리고 북쪽에서 나오는 한 나라는 러시아입니다. 마지막 때 핵 전쟁을 통하여 러시아가 미국을 황폐하게 하는 것을 예언한 것입니다. 러시아의 미국 정복에 대해서는 나중에 다시 자세히 설명하겠습니다. 다음은 예레미야 50장 8절과 51장 6절을 보겠습니다.

"너희는 바벨론 가운데에서 도망하라 갈대아 사람의 땅에서 나오라 양 떼에 앞서가는 숫염소 같이 하라 (렘 50:8).

"바벨론 가운데서 도망하여 나와서 각기 생명을 구원하고 그의 죄악으로 말미암아 끊어짐을 보지 말지어다 이는 여호와의 보복의 때니 그에게 보복하시리라"(렘 51:6).

이스라엘 백성은 바벨론에서 평안하게 고레스 왕의 전송을 받으며 떠났습니다. 전쟁 가운데 도망하지 않았습니다. 그러나 위의 구절들은 이스라엘 백성들에게 바벨론으로부터 급히 도망하라고 말씀합니다. 그러니 이 바벨론도 옛날 바벨론을 말하는 것이 아니고 미국을 말하는 것이며 마지막 때에 미국을 떠날 것을 경고하는 말씀인 것입니다.

이상으로 살펴 본 것처럼 미국은 마지막 때를 장식하는 하나의 제국으로서 그 죄로 인해 고대 역사의 제국들이 심판을 받은 것처럼 멸망 당할 것이 요한계시록에는 물론 구약의 예언서들에도 기록되어 있는 것입니다. 계시록 18장의 바벨론이 미국이라는 사실을 깨달음으로 구약의 예언서들을 새로운 관점으로 해석할 수 있는 지혜를 얻은 것입니다. 특별히 이사야 13장과 47장, 예레미야 50장, 51장을 읽을 때 미국에 관한 예언을 하고 있다는 것을 염두하면 더 넓고 깊게 말씀을 이해할 수 있을 것입니다.

60
모든 성도들이 목 베임 당하는 곳

미국 정부는 천재지변이나 내란등 재난을 대비한 수용소를 이천 년대 초부터 건축하기 시작하여 지금은 전국에 팔백 개 넘게 갖추어 놓았습니다. 이 수용소를 페마 캠프라고 부릅니다. 작은 것은 이만 명 정도를 수용하고 가장 큰 것은 이백만 명까지 수용할 수 있습니다. 전체적으로 수천만 명을 수용할 수 있는 규모입니다. 그리고 여기에는 시체 서너 구를 담을 수 있는 플라스틱 관 수백만 개를 함께 비치해 놓았습니다. 장소는 공통적으로 비행장과 철도가 가까운 곳에 위치하고 있습니다. 사람들은 이렇게 엄청난 규모의 재난 대피 수용소가 필요한지에 대한 의문을 가집니다. 미국 정부는 어떠한 다른 비밀스러운 계획이 있어 이처럼 대규모 수용소를 만들어 놓았는지 모르겠지만 이 일은 마지막 때의 성경 말씀이 응하고 있는 것입니다. 요한계시록 18장 24절을 보겠습니다.

"선지자들과 성도들과 및 땅 위에서 죽임을 당한 모든 자의 피가 그 성 중에서 발견되었느니라 하더라"(계 18:24).

이 구절은 미국을 설명하는 요한계시록 18장의 마지막 구절입니다. 이 일은 마지막 환난 기간 동안에 미국에서 벌어질 일을 예언한 것입니다. 여기서 그 성은 미국을 의미합니다. 이 구절의 말씀은 땅 위에서 죽임을 당한 모든 사람들의 피가 그 성중에서 발견되었다고 합니다. 많은 사람들의 피가 그 성중에서 발견되었다고 표현하지 않습니다. 즉 이 말씀의 뜻을 잘 파악하면 마지막 환난 때 짐승의 표를 받지 않거나 기타 다른 이유로 적그리스도에게 죽임을 당하는 사람들은 모두 미국으로 끌려와서 죽게 된다는 의미가 있는 것입니다. "모든 자의 피"라는 표현에 집중을 해야 합니다.

미국 정부는 이미 수년 전에 사람들을 목 베어 죽이는 수단으로 사용할 단두대 삼만 개를 미국 내에 들여 놓았습니다. 이들이 단두대로 사람을 죽이는 이유는 죽은 사람의 장기를 가장 온전하게 보전할 수 있는 방법이기 때문입니다. 한 사람의 장기는 팔면 일억 원에서 이억 원 정도의 가치가 있다고 합니다. 성경에는 짐승의 표를 받지 않으면 목 베임을 당한다고 되어 있는데 그 말씀이 문자 그대로 이루어지는 것입니다. 아마도 이 페마 캠프에는 시체를 보관할 냉장, 냉동시설을 갖추고 있을지도 모릅니다. 미국 정부는 왜 단두대를 이렇게 많이 들여 왔는지 설명을 하지않고 있습니다. 그러나 요한계시록 18장을 이해하는 사람들은 그들의 설명이 필요없는 것입니다.

계시록 18장 24절은 마치 로만 가톨릭에 대한 이야기처럼 오해를 할 수 있습니다. 왜냐하면 역사적으로 기독교인을 가장 많이 죽인 단체는 로만 가톨릭이기 때문입니다. 실제로 이 구절과

18장 앞 부분의 묘사를 보면서 18장도 로만 가톨릭으로 해석하는 사람들이 있습니다. 그러나 여러 차례 말씀 드렸듯이 18장은 백 퍼센트 미국에 관한 이야기 입니다. 미국 외에는 18장의 말씀에 부합하는 어떤 비슷한 것도 세상에 존재하지 않습니다. "십팔 장의 바벨론은 미국이 아니다"라는 또 다른 미로를 잘 피해 가야 겠습니다.

요한계시록이 발생 순서대로 기록되었다는 것을 이미 배웠습니다. 그러나 17장과 18장의 심판은 16장의 심판 다음에 발생하는 것은 아닙니다. 17장과 18장의 내용은 대환난 기간 동안 전반에 걸쳐 발생하는 심판의 내용입니다. 그런데 이들의 심판이 너무 중요하므로 따로 떼어서 기록한 것입니다. 워낙 거대한 고목나무라 무너지는 과정을 자세히 다룬 것입니다.

지금까지 옆길로 새지 않았고 미로를 잘 헤쳐왔습니다. 숲을 이루는 여러 나무들도 잘 관찰을 하였습니다. 아름답게 우뚝 솟은 나무들도 보았고 거대한 고목이 뽑히는 것도 목격했습니다. 어렵고 복잡한 코스는 끝이 났고 이제는 숲 속의 트인 길로 평안히 걸어가는 것입니다. 이제 출구가 보이려고 합니다.

요한계시록이 쉽다

Revelation's Secrets

V
평강의 숲 속을 걸어라

61
요한계시록의 줄거리

요한계시록의 이야기 구성을 보면 짧은 단편 소설과 유사합니다. 주제가 뚜렷하며 전체가 하나의 이야기입니다. 스토리 전개가 자연스러우며 이야기의 구성도 잘 짜여져 있습니다. 사건이 발생한 순서대로 기록되어 있으므로 혼란스럽지 않습니다. 어려운 묵시록의 선입관을 버리고 읽어 가면 자연스럽게 이해가 되는 것을 느낄 수 있습니다. 계시록의 스토리를 간단히 요약해보겠습니다.

1) 도입

예수님의 열두 제자 중에 하나인 요한이 마지막 때에 대한 예언을 받습니다. 이 예언의 말씀이 중요하므로 잘 듣고 보고 지키라는 당부를 합니다. 주님이 구름을 타고 오는 것을 모든 사람들이 볼 것이며 이를 준비하기 위하여 교회들에게 편지를 보내라고 명합니다. 요한은 일곱 교회에게 서로 다른 내용의 편지를 보냅니다. 일곱 교회에게 보내는 메시지 중에 가장 많이 언급된 내용은 회개하라는 것과 거짓 교사들을 조심하라는 것입니다. 즉 심판이 가까우니 죄에서 돌이키고 미혹되지 말 것을 당부한 것입니다. 모든 편지의 말미에는 공통적으로 성령이 교회들에게 하는 말씀을 들으라고 합니다. 마지막 때에 성령은 교회를

통하여 말씀하는 것이며 교회는 그 말씀에 순종하라는 것입니다. (1장-3장)

그 후에 하늘에서는 하나님을 찬양하며 경배를 합니다. 또한 어린 양 예수 그리스도에게도 찬양과 경배를 드리고 예수께서 심판의 인을 뗄 것임을 알립니다. 첫째 인에서 넷째 인까지는 미혹과 전쟁과 기근과 전염병등의 환난을 가져오는 것입니다. 다섯째 인에서는 순교당한 영혼들이 원수를 갚아 달라고 신원하는데 하나님께서는 조금 더 기다리라고 당부를 합니다. (4장)

2) 전개

여섯째 인을 떼자 온 세상이 어두워지고 유성들이 지구로 떨어지고 산과 섬이 제자리에서 옮겨질 정도로 큰 지진이 일어납니다. 이 때에 모든 사람들이 하나님과 예수 그리스도께서 심판을 시작한 것을 깨닫고 재앙을 피하게 해달라고 간구합니다. 여섯째 인을 떼면서 대환난이 시작된 것이며 그 직전에 휴거가 일어난 것입니다. (4장-6장)

하나님은 환난이 시작된 후 다음 심판으로 들어가기 전에 먼저 이스라엘의 열두 지파 십사만 사천을 성령으로 인칩니다. 그런 후에 일곱째 인이 떼어지며 천둥과 번개와 지진이 발생합니다. 첫째 나팔에 땅의 삼분의 일이 타고 둘째 나팔에 바다의 삼분의 일이 피가 되어 바다 생물의 삼분의 일이 죽고 배의 삼분의 일이 파괴됩니다. 셋째 나팔을 불 때 강과 물의 근원에 독이 들어가 많은 사람들이 마시고 죽습니다. 넷째 나팔을 불자 해, 달, 별의 삼분의 일이 어두워지고 다섯째 나팔을 불 때 황충들이 나와 구원받지 못한 자들만 골라서 쏘는데 죽이지는 않고 다섯 달 동안 심한 고통만 받게 합니다. 여섯째 나팔을 불자 지구의 삼분의 일이 핵전쟁으로 인하여 순식간에 죽습니다. 그런 후 요한에게 계속하여 말씀을 받아 예언할 것을 명합니다. 여기까지가 첫 6개월의 환난입니다. (7장-10장)

다음은 성전 건축에 대한 언급이 있고 이어서 두 증인이 3년 반 동안 입에서 불을 낼 정도로 강한 능력과 권세를 가지고 원하는 대로 세상에 재앙을 내립니다. 가뭄이 있게 하고 물을 피로 변하게도 합니다. 3년 반의 사역을 마친 후 두 증인은 짐승과의 전쟁으로 죽게 됩니다. 사람들은 두 증인이 내린 재앙을 기억하며 이들의 죽음을 기뻐하지만 삼일 반 후에 다시 부활하여 승천합니다. 일곱째 나팔을 부니 하나님의 언약궤가 보이고 번개와 천둥과 지진과 우박이 있습니다. 이어서 한 여자가 아들을 낳고 광야로 도망하여 3년 반 동안 양육을 받는 이야기가 전개됩니다. 이것은 전반 3년 반 환난 기간 동안 이스라엘 백성들이 이스라엘 영토 안에 있을 때 보호받고 예수를 믿게 되는 것을 상징으로 보여주는 이야기입니다. (11장-12장)

그 후에 일곱 머리 열뿔이 달린 짐승의 모양으로 적그리스도가 나옵니다. 이 짐승은 죽었다가 다시 살아남으로써 사람들이 따르게 됩니다. 이어서 두 번째 짐승이 땅에서 나와 사람들을 적그리스도에게 경배하게 하고 짐승의 표도 받게 하고 사람들을 죽이기도 합니다. 이때에는 짐승의 표를 받지 않으면 매매를 할 수 없습니다. (13장)

다음은 장면이 바뀌어 십사만 사천이 시온 산에서 주님과 함께 찬양을 합니다. 이들은 결혼하지 않은 남자 청년들로서 순결하고 흠이 없는 자들입니다. 이들은 환난이 시작될 때에 인침을 받은 이스라엘 열두 지파와 같은 사람들로서 전반 3년 반의 환난이 끝나고 휴거하여 천국에서 찬양을 하는 것입니다. 천사가 큰 성 바벨론의 멸망에 대한 선언을 하고 짐승의 표를 받으면 유황불로 떨어진다고 경고합니다. 이어서 곡식에 비유되는 사람들과 포도에 비유되는 두 부류의 사람들을 추수합니다. 곡식은 구원받은 자들이며 포도는 구원받지 못하고 심판으로 들어가는 사람들입니다. 이어서 짐승의 핍박에 굴하지 않고 죽임을 당하여 구원받은 영혼들이 천국에서 찬양을 합니다. (14장–15장)

3) 절정

마지막 재앙인 대접심판이 이어지는데 적그리스도 세력에게 집중되는 재앙들입니다. 첫째 대접을 쏟으니 짐승의 표를 받았거나 그 우상에게 경배를 한 사람들에게 악성 종기가 납니다. 둘째 대접에는 바다가 모두 피로 변하고 모든 생물이 죽으며 셋째 대접을 쏟으니 강과 모든 물 근원이 피가 됩니다. 이렇게 모든 물을 피로 변하게 한 이유는 이들이 성도들의 피를 많이 흘린 죄

값으로 피를 마시게 하기 위한 것입니다. 넷째 대접에는 사람들이 해볕에 태워지고 다섯째 대접에는 적그리스도의 나라가 어두워지고 이들은 혀를 깨물 정도로 고통을 당합니다.

여섯째 대접을 쏟으니 유브라데 강이 마르고 온 천하의 왕들이 아마겟돈에 모입니다. 주님께서 재림하여 진멸하기 위하여 이들을 모으는 것입니다. 일곱째 대접에는 번개와 천둥과 지진과 우박이 있습니다. 이 지진과 우박은 인류 역사 이래 가장 큰 것으로 산과 섬이 모두 사라지고 세상의 도시들이 모두 무너집니다. 이렇게 하여 모든 심판이 끝나는 것입니다. (16장)

다음은 두 바벨론의 심판에 대한 이야기입니다. 이미 16장에서 심판은 모두 끝났는데 이 두 바벨론에 대한 심판은 중요하므로 따로 떼어서 왜, 어떻게 멸망 받는지를 자세히 설명하는 것입니다. 음녀로 묘사된 첫 바벨론은 호화로운 삶을 살며 온 세상을 영적으로 음란하게 하고 모든 귀신들의 어미 역할을 하고 있는데 로만 가톨릭과 교황을 상징하는 것입니다.

이 음녀는 과거 오랜 기간 동안 성도들을 핍박하고 죽였는데 이러한 천주교가 한 때 협력자였던 짐승에게 멸망을 당합니다. 적그리스도는 이 음녀를 미워하여 망하게 하고 벌거벗게 하고 그의 살을 먹고 불로 아주 살라 버립니다. 로만 가톨릭이 마지막 때에 매우 비참하게 망하는 것입니다. (17장)

다음은 또 다른 바벨론의 심판에 관한 이야기입니다. 이 바벨론은 미국입니다. 경제적 문화적으로 온 세상에 죄를 퍼뜨린 미국이 심판을 받는데 한 순간에 망합니다. 이것은 핵으로 망한다는 의미가 있습니다. 이 바벨론이 망할 때 특별히 상인들, 즉 세상의 부자들이 슬퍼합니다. 미국으로 인해 돈을 벌던 자들이 미국이 망함으로 함께 망한 것입니다. 맷돌이 바다에 던져지는 것처럼 비참하게 멸망하였습니다. 선지자들과 성도들과 땅 위에서 죽임을 당한 모든 자의 피가 이 성에서 발견됩니다. 즉 이 바벨론은 마지막 때 모든 성도들이 목베임을 당할 곳입니다. (18장)

큰 음녀의 멸망을 하늘의 성도들이 기뻐합니다. 그리고 어린양의 혼인 잔치가 있습니다. 그 후에 예수 그리스도께서 성도들과 함께 말을 타고 지상으로 내려옵니다. 내려온 후 아마겟돈에 모이게 한 적그리스도 세력을 진멸하고 적그리스도와 거짓 선지자를 산채로 유황불에 던집니다. 그 후 사탄을 천 년간 결박하여 가두고 천년왕국을 시작하며 구원받은 성도들은 그리스도와 함께 천 년간 왕 노릇하게 됩니다.

천 년이 찰 때 사탄이 잠시 놓이는데 이때에 많은 천년왕국 백성들이 사탄에게 미혹되어 성도들과 싸움을 일으킵니다. 그러나 이들은 하늘에서 내려오는 불로 죽임당합니다. 그런 후 사탄은 영원히 지옥으로 던져집니다. 이때에 구원받지 못하고 죽은 자들이 부활하여 행한대로 심판을 받고 몸을 입은채 다시 지옥불로 던져집니다. (19장-20장)

4) 결말

이제 지구는 없어지고 거룩한 성 새 예루살렘 즉 천국이 하늘에서 내려옵니다. 이곳에는 주님이 눈물을 닦아주고 다시는 사망이 없고 애통하는 것이나 곡하는 것이나 아픈 것이 없는 곳입니다. 새 예루살렘의 문에는 열두 지파의 이름들이 있고 성곽의 기초에는 예수님의 열두 사도의 이름이 있습니다. 천국의 크기는 가로 세로 높이가 모두 이천이백 킬로미터입니다. 이 길이는 한라산에서 백두산까지 거리의 두 배 정도 되는 길이 입니다.

성벽의 기초는 열두 보석으로, 성벽은 벽옥으로, 성문은 진주로, 성의 건물과 길은 모두 맑은 유리 같은 정금으로 지어져 있습니다. 거기에는 하나님의 영광과 어린 양의 빛으로 인해 해와 달이 필요 없고 밤이 없습니다. 생명수의 강이 하나님과 어린 양의 보좌에서 흘러 나오고 생명나무가 열두 가지 열매를 맺습니다.

마지막으로 주님께서 속히 올 것이니 이 예언의 말씀을 잘 지키라는 당부를 합니다. 속히 온다는 말씀을 세 차례나 하고 이 예언의 말씀 중 제하거나 더하면 벌을 받을 것임을 경고합니다. (계 21-22)

62
계시록의 교훈

이렇게 하여 지금 우리가 살고 있는 마지막 때로 부터 휴거와 대환난을 거치고 주님께서 재림하여 성도들과 함께 이 땅에서 천 년간 다스린 후 천국이 내려오는 모든 이야기가 끝을 맺었습니다. 온 바다와 물이 피로 변하고 인류의 삼분의 이가 죽었습니다. 핵 전쟁으로 죽고 지진으로 죽고 목베임 당하여 죽습니다. 수 많은 사람들이 재앙 가운데 멸망을 당하고 성도들은 환난의 고통을 인내하며 구원을 이루어 갑니다. 계시록의 이야기는 구원받지 못하는 자들에게는 처음부터 끝까지 슬픔이며 비극입니다. 그러나 구원받는 자들에게는 해피 엔딩으로 막을 내립니다.

여기에는 하나님의 심판의 엄중함에 대한 교훈이 있습니다. 하나님께서는 사랑이 많고 인자하고 오래 참습니다. 그러나 일단 칼을 뽑으면 긍휼이 없는 무서운 심판을 합니다. 피를 마시게 하는 처절한 보응과 한 순간에 이십사 억을 죽이는 하나님의 진노를 기억해야 합니다. 우리는 심판하여 육체와 영혼을 지옥으로 보내는 하나님을 두려워해야 합니다. 하나님이 두려울 때 순종하게 됩니다. 그래서 하나님을 두려워하는 것이 지혜의 근본이라고 말씀하는 것입니다. 요한계시록의 말씀을 잘 이해하고 깨달은 모든 사람들이 더욱 두렵고 떨림으로 자신의 구원을 이루어 가야 할 것입니다.

63
기쁨과 소망의 책

요한계시록의 많은 비밀들을 알게 되었고 복잡한 내용들도 풀어졌습니다. 이제 계시록은 더 이상 불가사의한 의문의 책이 아닙니다. 종말의 대재앙에 대한 두려움의 책도 아닙니다. 난해하고 접하기 불편한 책도 아닙니다. 단순한 미래의 실화 이야기입니다. 마지막 때를 위한 구원의 지침이며 희망과 생명의 빛을 비추는 책이며 평강을 주는 책입니다. 그러니 계시록은 더 이상 부딪히고 걸려 넘어지게 하는 바위가 되지 않고 마지막 때의 보배이고 머릿돌이 되어야 합니다. 마지막 때에 반드시 알아야 하고 살아내야 하고 극복해야 할 책입니다.

지금 우리에게 가장 큰 소망은 주님을 보는 것입니다. 공중에서 주를 만나고 항상 주와 함께 있는 것입니다. 우리는 이러한 소망을 이룰 수 있는 때를 살고 있습니다. 살아서 나를 믿는 자는 영원히 죽지 아니하리라는 말씀이 응하는 때를 살고 있는 것입니다. 주님은 요한계시록의 마지막 장에서 세 차례나 속히 온다고 말씀하였습니다.

"보라 내가 속히 오리니 이 두루마리의 예언의 말씀을 지키는 자는 복이 있으리라 하더라"(계 22:7).

"보라 내가 속히 오리니 내가 줄 상이 내게 있어 각 사람에게 그가 행한 대로 갚아 주리라"(계 22:12).

"이것들을 증언하신 이가 이르시되 내가 진실로 속히 오리라 하시거늘 아멘 주 예수여 오시옵소서"(계 22:20).

이 말씀은 예언이며 약속입니다. 예언은 성취될 것이며 약속은 지켜질 것입니다. 이것이 요한계시록이 보여주는 소망입니다. 구원받지 못하는 자들에게는 심판이 응하고 구원받은 자들에게는 소망이 응하는 것입니다. 여러분에게는 이 책이 어떻게 다가옵니까? 심판의 책으로 읽혀집니까? 마음이 어지럽고 두렵습니까? 아니면 소망과 구원의 기쁜 메시지로 다가옵니까? 두려움이 희망의 서광으로 바뀌어야 합니다.

하늘에서 내려오는 새 예루살렘은 하나님과 영원히 함께 거주할 곳이라는 사실만으로도 그 곳의 어떠함과 상관 없이 기쁘고 흥분되기에 충분합니다. 그럼에도 불구하고 하나님께서는 천국을 너무 아름답게 지었습니다. 요한계시록은 천국의 모습을 매우 상세하게 묘사합니다. 크기를 알려줍니다. 가로 세로 높이가 모두 이천이백 킬로미터로 정육각형의 모양을 하고 있습니다.

성벽은 벽옥이라는 갈색의 보석으로 지었고 성문은 진주로 되어있습니다. 이 두 가지 색은 너무 아름답게 조화되는 색들입니다. 성의 기초는 열두 가지 다른 보석으로 되어있고 성의 모든 건물과 길은 모두 정금으로 지어졌습니다. 이 정금은 유리처럼 비치는 금입니다. 이러한 금은 세상에서 볼 수 없습니다. 상상을 해보십시오 수정처럼 속이 비치는 금이 얼마나 아름다울지? 이 것은 다이아몬드를 연상케 합니다.

이 세상의 부자도 세면대나 욕조를 금으로 만들어 사용하는 사람은 있습니다. 그러나 집 건물을 모두 금으로 지은 사람은 없습니다. 집 앞 길을 금으로 포장한 사람도 없습니다. 그러나 구원받은 사람들이 살 천국은 모두 정금으로 지어져 있습니다. 천국에서는 가장 가난한 자도 지상에서의 가장 큰 부자 보다 더 부자인 것입니다. 하나님과 함께 산다는 사실 하나만으로도 더 바랄 것 없이 행복한 것인데 하나님께서 여러분이 거주할 곳을 이처럼 아름답고 호화롭게 준비하는 것은 무엇을 의미하는 것이 겠습니까?

여러분이 들어갈 천국은 벽돌로 지은 이십 평짜리 연립주택이 아니라는 것이 무엇을 말씀하는 것이겠습니까? 천국에 소망을 두라는 것입니다. 주님의 가르침대로 이 땅에서는 먹고 입는 것으로 족하고 비좁은 아파트에서 월세로 살되 소망은 천국에 두라는 것입니다. 또한 천국은 사망도 없고 아픈 것도 없으며 슬픔과 눈물도 없습니다. 그러니 땅에서는 아프고 슬프고 괴로운 일이 있어도 인내하고 하늘에 소망을 두라는 것입니다.

성경은 믿는 자들이 소망을 가질 것을 가르칩니다. 요한계시록은 두 가지 측면에서 매우 특별하게 소망을 갖게합니다. 한 가지는 주님께서 속히 온다는 약속의 말씀입니다. 주님께서 속히 온다고 세 차례나 직접 말씀하였는데 이 보다 더 큰 소망의 말씀은 없을 것입니다.

다른 한 가지는 천국을 보여 준 것입니다. 성경 전체를 통틀어 천국을 이처럼 상세히 묘사한 곳이 없습니다. 보석으로 지어진 아름다운 성과 생명수 강이 흐르는 평화로운 천국의 모습을 생생하게 그림처럼 보여주었습니다. 그리하여 천국이 상상의 나라가 아니라 실제의 천국으로 소망을 갖게 합니다. 그러니 요한계시록은 행복을 주는 책이고 기쁨이 넘치는 책이고 으뜸가는 소망의 책인 것입니다. 요한계시록 스스로가 이 예언의 말씀을 지키면 복을 받는다고 처음과 끝에 두 차례나 자화자찬을 한 이유가 여기에 있는 것입니다.

"이 예언의 말씀을 읽는 자와 듣는 자와 그 가운데에 기록한 것을 지키는 자는 복이 있나니 때가 가까움이라"(계 1:3).
"보라 내가 속히 오리니 이 두루마리의 예언의 말씀을 지키는 자는 복이 있으리라 하더라"(계 22:7).

여러분 모두가 요한계시록을 읽고 듣고 예언의 말씀을 잘 지킴으로 그 날에 공중에서 주의 얼굴을 보게 되는 복을 받기를 예수 그리스도의 이름으로 축원합니다.

여러분은 지금까지 계시록의 숲을 보고 나무를 관찰하고 미로를 잘 헤쳐 나왔습니다. 걸려 넘어지게 하는 돌들도 피하였습니다. 요한 계시록의 숲 속을 편안한 마음으로 여유롭게 산책하십시오. 이제 여러분은 그 안에 표지판과 이정표를 세울 수도 있습니다. 길을 잃은 사람을 도울 수도 있습니다. 이제 여러분은 그 숲의 주인이며 안내자가 된 것입니다.

Revelation's
Secrets

VI
남겨진 자들을 위하여

64
통곡하는 이유

주님 오실 때에 들림을 받을 것이라고 믿은 사람들 중에도 많은 사람들이 들림받지 못하고 땅에 남겨질 것입니다. 물론 믿지 않은 사람들은 모두 남겨지겠지만 믿는다고 하여도 회개하고 거듭나지 않은 사람들은 땅에 남겨질 것입니다. 그러므로 성경은 주님이 올 때에 많은 사람들이 애곡하는 것을 말씀하고 있습니다.

> "그 때에 인자의 징조가 하늘에서 보이겠고 그 때에 땅의 모든 족속들이 통곡하며 그들이 인자가 구름을 타고 능력과 큰 영광으로 오는 것을 보리라"(마 24:30).
> "볼지어다 그가 구름을 타고 오시리라 각 사람의 눈이 그를 보겠고 그를 찌른 자들도 볼 것이요 땅에 있는 모든 족속이 그로 말미암아 애곡하리니 그러하리라 아멘"(계 1:7).

주님이 구세주임을 순간적으로 깨달은 믿지 않는 자들도 통곡할 것이고 자신은 들림받을 것으로 생각했는데 땅에 남겨진 사람들도 애곡할 것입니다. 그러나 이들도 남겨진 것으로 인하여 울고만 있을 수는 없습니다. 구원받지 못하여 남겨진 사람들도 그들이 믿는 자이든지 믿지 않는 자이든지 상관 없이 다시 구원받을 수 있습니다.

그것은 즉시 회개하고 말씀대로 사는 것입니다. 회개에 합당한 열매를 맺는 거룩한 삶으로 전환하는 것입니다. 그러할 때에 죄에 대한 보응은 환난을 겪으며 받으나 그 영혼만은 구원받을 수 있는 것입니다. 그러니 이 사람들은 상당한 환난과 핍박의 고통은 각오를 해야 합니다. 겪어야 할 보응은 죄의 분량내로 정해질 것이며 재앙의 종류는 요한계시록에 상세히 기록되어 있습니다.

65
환난 가운데 순교하라

마지막 때에는 세 가지의 경우로 구원을 받습니다. 첫째는 휴거 되어 구원받는 것이고 둘째는 환난 중에 죽어 구원받는 것이고 셋째는 환난을 겪고 살아 남아 천년왕국의 백성으로 구원받는 것입니다. 그렇다면 남겨진 사람들은 구원받기 위하여 짐승의 표를 받지 않고 죽임을 당하거나 다른 모양으로 죽더라도 구원받을 만한 믿음이 있어야 할 것입니다. 아니면 환난을 슬기롭게 잘 견디고 짐승의 박해를 피해 살아 남아야 할 것입니다.

믿음을 지키기 위해 생명을 바친다는 것은 신실한 것이며 주님을 사랑한다는 증거이며 아름다운 일입니다. 그러나 생명을 위협하는 일이 본인에게 닥쳤을 때에는 그러한 믿음을 지킨다는 것은 쉬운 일이 아닙니다. 예수님께서 잡혀가는 날 제자들의 반

응이 그것을 입증합니다. 그럼에도 불구하고 남겨진 사람들은 선택의 여지가 없습니다. 짐승의 표를 받지 않아 목베임을 당하거나 도망하여 칠 년 반 동안 살아 남아야 합니다. 그러나 그 많은 재앙과 천재지변과 핵전쟁의 환난을 피한다는 것이 쉽지 않을 것입니다. 그렇다면 환난에 들어온 사람들은 살아 남기를 힘쓰기 보다는 오히려 믿음 안에서 일찍 죽는 편이 더 나을지도 모릅니다.

일찍 순교하려면 짐승의 표를 받으라고 하는 사람들을 피하지 말고 기꺼이 잡혀가는 것을 염두해야 할 것입니다. 그들은 표를 받지 않으면 옥에 가두고 곧 죽일 것입니다. 이렇게 하는 것이 계속 핍박과 환난을 피하며 살아 남으려는 것 보다 지혜로운 것입니다. 이들이 장기간 고문을 할 것에 대한 염려는 하지 마십시오.

이들은 짐승의 표를 받지 않는 사람들을 가능한 빨리 죽이는 것이 그들에게도 유익이라고 판단할 것입니다. 왜냐하면 감옥에 사람들이 많으면 관리 감독하는 것이 번거로울 것이기 때문입니다. 또한 환난의 때에는 신체의 장기에 대한 수요도 많을 것이므로 장기를 팔고 사용하기 위하여도 빨리 죽이려고 할 것입니다. 아마도 옥에 갇힌 후 십 일이면 죽일 것입니다.

"너는 장차 받을 고난을 두려워하지 말라 볼지어다 마귀가 장차 너희 가운데에서 몇 사람을 옥에 던져 시험을 받게 하리니 너희가 십 일 동안 환난을 받으리라 네가 죽도록 충성하라 그리하면 내가 생명의 관을 네게 주리라" (계 2:10).

감옥에 들어가 십 일 동안 환난을 받으리라는 말씀이 있고 이어서 죽도록 충성하라는 말씀이 이어집니다. 이 말씀에서 마지막 때에 옥에 갇히어 죽게 되는 과정에 대한 영감을 받을 수 있습니다. 잡혀갔을 때 무엇을 말할지 어떻게 할지도 염려하지 마십시오. 성령께서 할 말을 줄 것입니다.

"너희를 넘겨 줄 때에 어떻게 또는 무엇을 말할까 염려하지 말라 그 때에 너희에게 할 말을 주시리니" "말하는 이는 너희가 아니라 너희 속에서 말씀하시는 이 곧 너희 아버지의 성령이시니라" (마 10:19-20).

그러니 편하고 기쁜 마음으로 기꺼이 잡혀가십시오. 그러면 몇 날이 되지 않아 주를 보게 되는 것입니다.

66
재앙을 피하며 구원받자

하나님의 말씀과 예수에 대한 믿음을 지킨다는 이유로 죽임 당하는 것은 하나님의 섭리 가운데 이루어지는 것입니다. 그렇다면 기꺼이 순교할 마음과 믿음이 있어도 자신의 소망대로 되지 않을 수도 있습니다. 그러므로 언제 어떻게 하나님께서 여러분의 영혼을 데려가든지 환난 중에도 살 길은 찾으면서 그 날을 기다려야 할 것입니다.

지금부터는 재앙을 발생 순서대로 살펴보며 살아 남고 구원받는 지혜에 대하여 나누어 보겠습니다. 이미 배워서 알고 있지만 첫째 인에서 다섯째 인까지는 대환난의 일부가 아니라는 것을 다시 말씀드립니다. 첫째인에서 다섯째 인까지는 이미 떼어져서 진행되고 있습니다. 즉 우리는 현재 다섯째 인까지 떼어진 가운데에 있으며 여섯째 인을 떼기 직전의 상황에 있는 것입니다. 여섯째 인이 열리면서 대환난은 시작되는 것입니다.

67
첫 육 개월의 환난을 대비하라

1) 휴거 직후의 재앙

"내가 보니 여섯째 인을 떼실 때에 큰 지진이 나며 해가 검은 털로 짠 상복 같이 검어지고 달은 온통 피 같이 되며" "하늘의 별들이 무화과나무가 대풍에 흔들려 설익은 열매가 떨어지는 것 같이 땅에 떨어지며" "하늘은 두루마리가 말리는 것 같이 떠나가고 각 산과 섬이 제 자리에서 옮겨지매" (계 6:12-14).

휴거 직후의 재앙은 엄청납니다. 산과 섬의 자리가 바뀔 정도의 큰 지진이 발생합니다. 이정도의 지진이면 역사 이래 가장 큰 지진일 것이며 그 파괴의 수준은 상상을 초월할 것입니다. 유성들이 지구로 떨어집니다. 유성은 축구 공만한 것이 떨어져도 운동장만한 크기의 구멍이 파일 정도의 위력을 가지는데 이는 핵폭탄의 파괴력과 견줄만한 것입니다. 이러한 위력의 유성들이 큰 바람에 나무 열매가 떨어지듯이 지구에 떨어지는 것입니다. 휴거가 일어나자 마자 지구는 지진과 유성으로 엄청난 살상과 파괴가 일어나며 순식간에 세상은 지옥으로 바뀔 것입니다. 이 때에 수천만 명에서 수억 명이 죽게 될지도 모릅니다.

이 때가 믿는 사람들에게는 가장 중요한 순간이 될 수 있습니다. 성경은 미지근한 물은 뱉어 버린다고 말씀합니다. 또한 심판이 성전 앞의 노인들 즉 제사장들로부터 시작하고 성전 뜰을 시체로 채우라는 에스겔서 9장의 말씀도 있습니다. 이러한 말씀들을 종합하면 휴거 직후의 엄청난 천재지변의 때에 많은 교회들 즉 목사와 교인들이 재앙 가운데 회개할 기회도 없이 쓸려갈 수 있다는 것입니다. 그러므로 여러분은 휴거 되지 않아도 구원의 두 번째 기회가 있다는 안일한 마음을 가지지 말아야 합니다. 삶을 돌아보며 회개하고 거룩함으로 허리를 동이어 주님 오는 그 날에 반드시 데려감을 입어야 할 것입니다.

그럼에도 불구하고 남겨지는 교인들은 있을 것이고 그 수가 적지도 않을 것입니다. 휴거가 발생하였는데 자신이 들림받지 못한 것을 깨닫는 순간 가장 먼저 해야하는 것은 엎드려 회개하는 것입니다. 지진을 피해 도망하는 것이 첫째가 아닙니다. 가족이나 교인들에게 연락을 하는 것도 우선이 아닙니다.

남은 자들은 이제 그 생명이 경각에 달려있는 것입니다. 한 순간에 재앙으로 멸망할 위험에 처해있는 것입니다. 그러니 구원받을 만한 믿음이 없어 남겨진 사람이 우선으로 해야하는 것은 구원에 이를만한 믿음을 회복하는 것입니다. 즉 무릎 꿇고 죄를 자복하며 회개하는 것이 남겨진 자들이 첫 번째로 해야 할 일인 것입니다.

우편 강도도 죽기 직전에 회개하여 구원받았습니다. 이 사람은 회개의 합당한 열매를 맺지도 못했습니다. 왜냐하면 기회가 주어지지 않았기 때문입니다. 그럼에도 불구하고 죽기 직전에 회개하고 예수를 믿어 구원받은 것입니다. 여러분도 이렇게 하라는 것입니다. 즉시 회개하고 하나님께 용서를 구하는 것입니다. 이렇게 기도를 하십시오. 이 짧은 기도가 여러분의 영혼을 지옥에서 천국으로 옮길 수 있습니다.

"하나님 아버지, 저의 모든 죄를 용서하여 주시고 저의 믿음 없음을 불쌍히 여기시옵소서. 환난 중에 죄값을 받겠사오나 제 영혼만은 구원하여 주시옵소서. 나의 주님이시며 구원주 되신 예수 그리스도의 이름으로 기도합니다. 아멘!"

이 기도를 마친 후 즉시 여러분의 생명이 끝이 난다면 여러분은 구원받는 것입니다. 그러나 여러분의 목숨이 계속 살아있다면 환난 중에도 회개에 합당한 열매를 맺어야 합니다. 즉 성경을 읽으며 말씀대로 사는 것입니다. 계명을 지키지 않던 삶에서 계명을 지키는 거룩한 삶으로 돌이키는 것입니다. 환난에 처한 다른 사람들을 돕고 진도도 하십시오. 물론 심승의 표를 받지 않아야 할 것입니다. 이렇게 할 때에 여러분은 환난과 핍박으로 고통은 받더라도 영혼만은 구원받게 되는 것입니다.

2) 일곱째 인

"일곱째 인을 떼실 때에 하늘이 반 시간쯤 고요하더니"(계 8:1).
"천사가 향로를 가지고 제단의 불을 담아다가 땅에 쏟으매 우레와 음성과 번개와 지진이 나더라"(계 8:5).

일곱째 인의 재앙은 우뢰와 천둥과 번개와 지진입니다. 휴거 직후의 대지진에 이어 하나님께서 계속적으로 지진을 일으키며 지구를 흔듭니다. 흔들어 깨우는 것으로 알고 계속 회개하며 재앙을 잘 견디거나 피할 지혜를 구해야 할 것입니다. 살려고 하기보다는 주를 위하여 죽기로 작정하는 것이 영혼이 사는 길입니다. 스스로를 희생하며 도울 수 있는 사람을 돕고 위로하고 격려하고 전도하십시오.

요한계시록이 쉽다

3) 첫째 나팔

"첫째 천사가 나팔을 부니 피 섞인 우박과 불이 나와서 땅에 쏟아지
매 땅의 삼분의 일이 타 버리고 수목의 삼분의 일도 타버리고 각종
푸른 풀도 타버렸더라" (계 8:7).

피 섞인 우박과 불이 나와서 땅과 나무와 풀의 삼분의 일을
태우는 재앙입니다. 우박에 죽음을 연상케 하는 피가 섞인 것을
본다는 것은 기분 좋은 일이 아닐 것입니다. 또한 불이 하늘에서
떨어지는 것을 볼 때에 그 두려움은 말로 표현할 수 없을 것입니
다. 건물 하나가 불에 타는 것만 보아도 불의 파괴력과 태운 후
의 참상에 놀라지 않을 수 없습니다. 또한 산불이 수일 동안 꺼
지지 않아 마을을 모두 태워버리는 것만 보아도 사람들은 불에
대한 큰 두려움을 갖기도 합니다.

그런데 온 지구의 삼분의 일이 불에 타는 것을 목격하고 그 현
장에 있다는 것은 얼마나 더 두렵고 떨리는 일이겠습니까? 그럼
에도 불구하고 여러분은 세상 불에 타 죽는 것을 두려워하기 보
다는 영원한 유황불에 타는 것을 더 두려워며 계속 회개하고 선
한 일에 힘써야 할 것입니다. 소화기를 미리 준비하는 것도 지혜
일 것입니다.

4) 둘째 나팔

"둘째 천사가 나팔을 부니 불 붙는 큰 산과 같은 것이 바다에 던져지 매 바다의 삼분의 일이 피가 되고" "바다 가운데 생명 가진 피조물들의 삼분의 일이 죽고 배들의 삼분의 일이 깨지더라"(계 8:8-9).

불 붙는 산과 같은 것이 바다에 떨어지므로 바다 생물의 삼분의 일이 죽고 배들의 삼분의 일이 파괴됩니다. 불 붙는 산과 같은 것은 초대형 유성을 의미하는 것입니다. 이미 유성의 위력에 대하여 설명한 적이 있습니다. 유성이 산 만한 크기라면 그 파괴력을 측정하기가 불가능할 것입니다.

이 거대한 유성이 태평양에 떨어지면 태평양의 물고기가 모두 죽는 것입니다. 바다 위에 떠 있는 배들은 말할 것도 없는 것이겠지요. 별 하나가 온 바다를 피로 물들이는 것입니다. 바다에 가지 말고 배를 타지도 마십시오. 놀라지도 말고 두려워하지도 말고 기도하십시오.

5) 셋째 나팔

"셋째 천사가 나팔을 부니 횃불 같이 타는 큰 별이 하늘에서 떨어져 강들의 삼분의 일과 여러 물샘에 떨어지니" "이 별 이름은 쓴 쑥이라 물의 삼분의 일이 쓴 쑥이 되매 그 물이 쓴 물이 되므로 많은 사람이 죽더라"(계 8:10-11).

이번에도 유성이 땅으로 떨어지는데 유성의 파괴력으로 사람을 죽이는 것은 아닙니다. 물에 독이 들어가게 하는 상징적인 것입니다. 바다에 재앙을 내린데 이어 강과 모든 물 근원에 재앙을 내리는 것입니다. 그 재앙은 물에 독이 들어가는 것이며 그 물을 마시고 사람들이 많이 죽게 됩니다. 이 재앙에 특별히 유의를 해야겠습니다.

휴거 이후 이 재앙이 있기까지 며칠 되지 않습니다. 그러므로 휴거 직후에 준비해야 할 것 중 가장 중요한 것이 마실 물입니다. 왜냐하면 휴거 며칠 후면 모든 물에 독이 들어가기 때문입니다. 이 때에는 모든 강물과 시냇물에 독이 들어가므로 수돗물도 마시면 죽는 것입니다.

6) 넷째 나팔

"넷째 천사가 나팔을 부니 해 삼분의 일과 달 삼분의 일과 별들의 삼분의 일이 타격을 받아 그 삼분의 일이 어두워지니 낮 삼분의 일은 비추임이 없고 밤도 그러하더라"(계 8:12).

해와 달과 별의 삼분의 일이 어두워지고 낮과 밤의 삼분의 일도 어두워지는 재앙입니다. 이것은 큰 고통을 주는 재앙은 아닙니다. 이 재앙은 앞으로 인류에게 닥칠 가장 큰 재앙에 대한 징조를 보여주는 의미가 있습니다. 여섯째 나팔을 불 때에 핵전쟁이 일어나는데 이 전쟁으로 지구의 삼분의 일이 죽게 됩니다. 삼분의 일이 죽으므로 해와 달과 별의 삼분의 일이 어두워지는 징조를 미리 보여준 것입니다.

7) 다섯째 나팔

"다섯째 천사가 나팔을 불매 내가 보니 하늘에서 땅에 떨어진 별 하나가 있는데 그가 무저갱의 열쇠를 받았더라" "그가 무저갱을 여니 그 구멍에서 큰 화덕의 연기 같은 연기가 올라오매 해와 공기가 그 구멍의 연기로 말미암아 어두워지며" "또 황충이 연기 가운데로부터 땅 위에 나오매 그들이 땅에 있는 전갈의 권세와 같은 권세를 받았더라" "그들에게 이르시되 땅의 풀이나 푸른 것이나 각종 수목은 해하지 말고 오직 이마에 하나님의 인침을 받지 아니한 사람들만 해하라 하시더라" "그러나 그들을 죽이지는 못하게 하시고 다섯 달 동안 괴롭게만 하게 하시는데 그 괴롭게 함은 전갈이 사람을 쏠 때에 괴롭게 함과 같더라" "그 날에는 사람들이 죽기를 구하여도 죽지 못하고 죽고 싶으나 죽음이 그들을 피하리로다" (계 9:1-6).

황충이 하나님의 인침을 받지 않은 자들만 골라서 쏘는데 그 아픔이 너무 심하여 죽기를 원할 정도입니다. 그러나 마음대로 죽을 수도 없으며 다섯 달 동안 고통을 받아야 합니다. 환난이 시작된지 얼마 되지 않았는데 이마에 하나님의 인침을 받은 사람들이 있다는 것은 그 동안 회개하고 성령을 받아 구원에 이를 만한 믿음을 가진 사람들이 있다는 것입니다. 그 사람들은 황충에 쏘이지 않음으로 다른 사람들과 구분이 될 것입니다. 황충이 날아 다닐 때 도망다니기 보다는 무릎 꿇고 회개해야 할 것입니다. 방충망으로 벌레를 가리기 보다는 예수의 피로 자신의 죄를 가려야 할 것입니다.

이미 배웠지만 다시 상기시키고자 하는 것은 황충에게 고통받는 기간이 다섯 달이라는 것을 성경이 두 번이나 말씀하고 있다는 사실입니다. 이것은 전반 3년 반의 환난 전에도 5 개월 이상 정확하게는 6개월의 환난 기간이 있음을 암시해 주기 위한 것입니다.

8) 여섯째 나팔

여섯째 나팔의 재앙은 전쟁으로 지구의 삼분의 일이 죽는 것입니다. 이 전쟁은 핵전쟁이며 세계대전이 될 것입니다. 지금 세계는 한 순간에 인류의 삼분의 일을 죽일 수 있는 충분한 양과 위력의 핵무기를 소유하고 있습니다. 핵전쟁은 한 곳에서 시작을 하면 상대방은 자동으로 핵으로 대응하게 되어 있습니다. 그리고 지금의 핵전쟁은 2차대전 때 히로시마와 나가사키에 한 것처럼 폭탄을 한두 방 떨어뜨리고 끝나는 것이 아닙니다. 지금 미국과 러시아는 서로 핵미사일 목표물을 겨냥하고 있으며 단추 하나만 누르면 수백 곳에 핵 폭탄이 떨어집니다. 즉 세상의 삼분의 일이 한 순간에 죽을 수 있는 시스템이 이미 갖추어져 있습니다.

핵전쟁과 관련하여는 두 가지 핵심적인 요소를 알아야 겠습니다. 첫째로 핵전쟁은 대환난이 시작된 후 즉 휴거 직후 5개월에서 6개월 사이에 발생한다는 사실을 숙지해야 합니다. 즉 다섯 달 동안의 황충의 재앙이 끝나고 바로 시작되는 것입니다. 둘째는 핵공격의 집중지가 될 미국과 러시아를 떠나야 할 것입니다. 이것은 성경이 예언의 말씀으로 당부하는 것이기도 합니다. 스가랴 2장 6절과 7절을 보겠습니다.

"오호라 너희는 북방 땅에서 도피할지어다 여호와의 말씀이니라 이는 내가 너희를 하늘 사방에 바람 같이 흩어지게 하였음이니라 여호와의 말씀이니라" "바벨론 성에 거주하는 시온아 이제 너는 피할지니라" (슥 2:6-7).

여기서 북방 땅은 러시아이고 바벨론 성은 미국입니다. 마지막 때에 러시아와 미국에서 도피하라고 두 구절에 연속하여 예언되어 있습니다. 미국이 핵으로 초토화 될 것은 계시록 18장에서도 이미 보았습니다. 러시아도 핵전쟁의 피해가 미국과 차이가 없을 것입니다. 그러므로 성경은 이 두 나라에서 떠날 것을 당부하는 것입니다. 핵무기를 보유하고 있는 다른 나라들이나 미국과 소련의 군사 동맹국들도 핵전쟁에 가담할 수 밖에 없을 것입니다.

한국은 핵을 보유한 세 나라를 가까이 접하고 있는데 이들은 잠재적인 적국들입니다. 그러니 핵전쟁의 피해가 가장 클 나라 중에 하나가 될 것임은 분명합니다. 그러나 성경은 한반도에서 떠나라는 말씀은 없습니다. 물론 한반도를 떠나지 말라는 말씀도 없습니다. 떠난다면 어디로 가겠습니까? 인류의 삼분의 일이 죽는 핵전쟁의 피해를 어떻게 대비하겠습니까? 방독 마스크라도 준비하고 여러분의 소알성을 위하여 기도하십시오.

"여섯째 천사가 나팔을 불매 내가 들으니 하나님 앞 금 제단 네 뿔에서 한 음성이 나서" "나팔 가진 여섯째 천사에게 말하기를 큰 강 유브라데에 결박한 네 천사를 놓아주라 하매" "네 천사가 놓였으니 그들은 그 년 월 일 시에 이르러 사람 삼분의 일을 죽이기로 준비된 자들이더라" "마병대의 수는 이만 만이니 내가 그들의 수를 들었노라" "이 같은 환상 가운데 그 말들과 그 위에 탄 자들을 보니 불빛과 자주빛과 유황빛 호심경이 있고 또 말들의 머리는 사자 머리 같고 그 입에서는 불과 연기와 유황이 나오더라" "이 세 재앙 곧 자기들의 입에서 나오는 불과 연기와 유황으로 말미암아 사람 삼분의 일이 죽임을 당하니라" "이 말들의 힘은 입과 꼬리에 있으니 꼬리는 뱀 같고 또 꼬리에 머리가 있어 이것으로 해하더라" (계 9:13-19).

요한은 환상으로 현대식 무기를 본 것입니다. 불과 연기와 유황으로 죽인다고 표현한 것은 열과 바람과 방사능의 힘으로 파괴하는 현대 무기의 특징을 보여준 것입니다. 말들의 머리에서 불이 나오는 것을 본 것은 아마도 미사일 쏘는 것을 본듯합니다. 이 말들의 힘은 입과 꼬리에 있는데 그 꼬리는 뱀 머리처럼 생겼으며 그 머리로 해하더라고 합니다. 이것은 아마도 탱크와 대포에서 포탄이 발사되는 것을 표현한 것 같습니다. 처음 보는 것이므로 자신이 상상할 수 있는 범위 내에서 묘사를 한 것입니다. 요한은 이미 이천 년 전에 지금의 현대식 무기와 핵무기로 인류의 삼분의 일이 죽는 것을 보았고 예언을 하였습니다. 하나님의 예언은 한 자도 땅에 떨어지지 않고 세상 끝날까지 놀랍도록 정확하게 성취되어가고 있습니다.

이상으로 첫 6개월 환난 기간에 겪을 재앙에 대하여 살펴보았습니다. 휴거로부터 지구의 삼분의 일이 죽는 핵 전쟁이 발발할 때까지 불과 6개월 밖에 걸리지 않습니다. 참으로 무섭고도 빠르게 하나님의 진노의 심판이 온 세상에 휘몰아쳐 오는 것입니다. 그러나 심판 가운데도 긍휼을 베푸는 하나님께서 끝까지 구원의 기회를 줍니다. 그것은 바로 회개하는 것입니다. 심판하는 주의 의로움을 찬양하고 회개할 기회를 주는 주께 감사하는 것입니다. 환난 중에도 원망하지 않고 주께 감사하는 사람들에게 구원의 복이 있을 것입니다.

68

전반 삼 년 반의 환난을 준비하라

1) 두 증인이 내리는 심판을 겸손히 받으라

전반 3년 반 환난은 여섯째 나팔의 재앙에 속합니다. 즉 여섯째 나팔의 심판은 조금 전에 살펴 본 핵 전쟁의 재앙과 전반 3년 반 환난의 기간이 모두 포함되는 것입니다. 전반 3년 반의 환난 기간은 두 증인이 세상을 심판하는 것이 그 핵심 내용이며 심판의 종류가 구체적으로 소개되지는 않습니다. 3년 반 동안 가뭄이 있고 물이 피로 변하는 재앙과 입에서 나오는 불로 적들을 삼킨다는 것이 전부입니다.

그러나 두 증인의 사명이 세상을 심판하는 것이므로 여러가지 재앙으로 땅을 칠 것입니다. 남겨진 사람들은 두 증인이 하나님의 기름 부은 종들임을 알고 그들이 내리는 재앙이 어떤 것이든지 겸손히 받아들이고 그들에게 순종해야 할 것입니다. 성경 속의 사람들처럼 두 증인의 죽음을 기뻐하는 어리석은 일은 하지 말아야 할 것입니다. 계속 회개하며 환난을 잘 견뎌야 할 것입니다.

"내가 나의 두 증인에게 권세를 주리니 그들이 굵은 베옷을 입고 천이백육십 일을 예언하리라" "그들은 이 땅의 주 앞에 서 있는 두 감람

나무와 두 촛대니" "만일 누구든지 그들을 해하고자 하면 그들의 입에서 불이 나와서 그들의 원수를 삼켜 버릴 것이요 누구든지 그들을 해하고자 하면 반드시 그와 같이 죽임을 당하리라" "그들이 권능을 가지고 하늘을 닫아 그 예언을 하는 날 동안 비가 오지 못하게 하고 또 권능을 가지고 물을 피로 변하게 하고 아무 때든지 원하는 내로 여러가지 재앙으로 땅을 치리로다" (계 11:3-6).

2) 적그리스도의 핍박을 인내하라

성경에 소개되지는 않았지만 전반 3년 반의 기간 동안에 적그리스도의 활동이 있을 것입니다. 핵전쟁에서 승리한 적그리스도는 두 증인이 내리는 재앙과 권세에 눌리어 그 활동이 제약은 받을지라도 나름대로 온 세상을 다스릴 준비를 할 것입니다. 핵전쟁 후 당분간은 여러 나라들을 항복시키는 일과 황폐화 된 지구에 기본적인 질서를 잡기 위하여 노력과 시간을 쏟을 것입니다. 그러면서 동시에 이들은 한 가지 일에 집중을 할 것입니다. 그것은 사람들에게 짐승의 표를 주입할 준비를 하는 것입니다.

전반 3년 반 환난의 기간에는 두 증인이 내리는 재앙도 겪어야 하지만 적그리스도의 핍박도 받을 것임을 쉽게 예상할 수 있습니다. 이 기간에 적그리스도는 예배와 전도를 금하고 교회를 폐쇄할 것입니다. 짐승의 표의 유익에 대한 홍보를 하고 믿는 자들까지도 회유를 할 것입니다. 이 때에 많은 목사들이 이용될 수 있습니다. 특별히 유명한 자들과 큰 교단들이 짐승의 표를 받게 하는데 앞장서게 될 가능성이 매우 높습니다. 이 때에 미혹받지 않아야 할 것입니다.

이때까지는 짐승의 표를 받지 않아 죽임을 당하는 일은 아직 벌어지지 않을지도 모릅니다. 왜냐하면 짐승의 표를 받지 않아 목 베임을 당하는 것은 후반 3년 반 환난의 때에 일어나는 것으로 성경은 말씀하고 있기 때문입니다. 그러나 전반 3년 반 환난의 기간에도 짐승의 표로 인하여 고통받고 죽임을 당할 일이 없을 것이라고 단정할 수는 없는 것입니다. 그러므로 우리는 언제든지 준비되어 있어야 합니다. 이 때에도 사로 잡혀갈 자는 사로 잡혀가고 죽임을 당할 자는 죽임을 당할 수 있습니다.

"사로잡힐 자는 사로잡혀 갈 것이요 칼에 죽을 자는 마땅히 칼에 죽을 것이니 성도들의 인내와 믿음이 여기 있느니라"(계 13:10).

짐승의 표에 관한한 기꺼이 잡혀가고 죽임을 당하는 것이 애써 도망다니는 것 보다 오히려 지혜로운 일이라는 것은 이미 배운 바가 있습니다. 그러니 하나님의 계명을 지키고 예수를 증거함으로 죽게 되는 것을 두려워하지 말고 믿음을 지키며 환난과 핍박을 인내해야 할 것입니다.

3) 온 이스라엘이 구원받는 때

로마서 11장 26절에는 온 이스라엘이 구원받는 말씀이 있습니다. 이 말씀의 뜻은 유대인은 예수를 믿지 않아도 모두 구원받는다는 의미가 아닙니다. 이 말씀의 뜻은 어떤 때가 차면 유대인들이 모두 예수를 믿게 되어 구원받는다는 의미입니다. 이들이 구원받게 되는 그 때는 바로 예수께서 다시 오실 때 즉 휴거가 일어난 후를 가리키는 것입니다. 주님이 오실 때에 이들도 예수께서 구세주임을 알게 되고 회개하며 주께로 돌아오는 것입니다. 계시록 1장 7절을 보겠습니다.

"볼지어다 그가 구름을 타고 오시리라 각 사람의 눈이 그를 보겠고 그를 찌른 자들도 볼 것이요 땅에 있는 모든 족속이 그로 말미암아 애곡하리니 그러하리라 아멘"(계 1:7).

이 구절은 마태복음 24장 30절과 같은 말씀인데 다른 점 한 가지는 이 구절에는 유대인들을 구분하여 따로 지명하였다는 것입니다. 여기서 "그를 찌른 자들"은 유대인을 지칭하는 것입니다. 로마 군인을 의미하는 것이 아닙니다. 성경은 유대인들이 주를 죽였다고 말씀합니다. 이 유대인들도 주님이 오는 순간 다른 사람들과 마찬가지로 예수님이 그리스도인 줄을 몰랐다가 깨닫고 우는 것입니다. 또한 들림받지 못한 것을 슬퍼하며 애곡하는 것입니다. 이러한 일은 초자연적으로 하나님께서 섭리하였기 때문에 가능한 것입니다. 어떻게 유대인을 포함한 온 인류가 단번에 예수께서 구세주인 사실과 휴거로 자신의 성도들을 데려간 사실을 깨달을 수가 있겠습니까?

이러한 사건 즉 온 이스라엘이 주께 돌아와서 구원받는 것을 상징과 비유로 말씀하는 것이 요한계시록 12장입니다. 이스라엘로 상징되는 여자가 이스라엘 땅으로 상징되는 광야에서 전반 3년 반 환난 기간 동안 보호받고 믿음으로 양육받는 이야기입니다. 이에 관해서는 이미 자세히 다룬 적이 있으므로 더 이상 설명하지 않겠습니다. 그러나 한 가지 중요한 점은 전반 3년 반의 환난 기간에 내려지는 재앙에 대하여는 성경이 별로 언급을 하지 않고 있다는 사실입니다. 요한계시록은 심판의 내용이 그 핵심인데 짧지 않은 삼년 반의 기간 동안에 내려지는 구체적인 재앙에 대하여는 거의 말씀을 하지 않습니다.

그 대신에 두 증인의 사역과 죽음과 부활, 승천에 대한 이야기와 여자로 상징되는 이스라엘이 예수를 믿고 보호받는 것에 대한 이야기가 전부입니다. 즉 전반 3년 반 환난 기간은 이스라엘의 어떠함에 대하여 촛점을 맞추고 있지 세상에 내리는 재앙에 대하여 집중하는 것이 아니라는 것을 알 수 있습니다. 두 증인이 예루살렘에서 세상을 심판하고 온 세상은 재앙을 겪는데 이스라엘만 보호받는 것이 전체의 이야기인 것입니다.

다시 말씀하면 환난이 시작되면서 하나님께서 첫째로 관심을 갖는 것은 이스라엘이며 이스라엘의 구원인 것입니다. 그러므로 환난이 시작되자 마자 가장 먼저 행한 것도 이스라엘 열두 지파 십사만 사천을 인친 것입니다. 하나님께서 이렇게 하는 이유는 마지막 때에 온 이스라엘을 구원하기로 약속을 하였고 이스라엘에게 특별한 은총을 내릴 것을 예언하였기 때문입니다.

그러나 이들도 전반 3년 반 환난 기간 동안만 보호를 받고 그 후에는 적그리스도의 핍박을 받게됩니다. 예루살렘의 성소도 더럽혀지고 많은 유대인들이 죽임을 당하게 됩니다. 이때에 또 다른 홀로코스트가 발생할 것입니다. 그러나 이 홀로코스트는 이차대전 때 나찌들에게 당한 것과는 다른 것입니다. 온 이스라엘이 구원받는 홀로코스트입니다. 이들은 예수를 믿고 하나님의 계명을 지키며 짐승의 표를 받지 않음으로 목베임을 당하는 것입니다.

"여호와의 날이 이르리라 그 날에 네 재물이 약탈되어 네 가운데에서 나누이리라" "내가 이방 나라들을 모아 예루살렘과 싸우게 하리니 성읍이 함락되며 가옥이 약탈되며 부녀가 욕을 당하며 성읍 백성이 절반이나 사로잡혀 가려니와 남은 백성은 성읍에서 끊어지지 아니하리라" (슥 14:1-2).

이 구절은 스가랴서의 마지막 장에 있는 말씀으로 세상 끝날에 대한 예언입니다. 이 구절의 여호와의 날은 마지막 심판의 때를 뜻하는 것이며 특히 후반 3년 반의 환난 기간을 의미하는 것입니다. 이 때에 적그리스도가 이스라엘을 침략하여 절반은 잡아가고 절반은 이스라엘에 남는 것입니다. 이스라엘 백성이 잡혀가는 곳은 미국이며 그곳에서 목베임 당하는 것입니다. 이미 배운대로 이것은 계시록 18장 24절이 응하는 것입니다. 즉 마지막 때에 이스라엘의 반은 죽어 구원받고 반은 이스라엘 땅에 살아 남아 천년왕국의 백성으로 구원받는 것입니다. 이렇게 하여 온 이스라엘이 구원받으리라는 예언의 말씀이 성취되는 것입니다.

"그리하여 온 이스라엘이 구원을 받으리라 기록된 바 구원자가 시온에서 오사 야곱에게서 경건하지 않은 것을 돌이키시겠고" "내가 그들의 죄를 없이 할 때에 그들에게 이루어질 내 언약이 이것이라 함과 같으니라" (롬 11:26-27).

4) 일곱째 나팔

"일곱째 천사가 나팔을 불매 하늘에 큰 음성들이 나서 이르되 세상 나라가 우리 주와 그리스도의 나라가 되어 그가 세세토록 왕 노릇 하시리로다 하니" (계 11:15).
"이에 하늘에 있는 하나님의 성전이 열리니 성전 안에 하나님의 언약궤가 보이며 또 번개와 음성들과 우뢰와 지진과 큰 우박이 있더라"

(계 11:19).

번개와 천둥과 우뢰와 지진과 큰 우박의 재앙입니다. 번개와 천둥은 하나님의 진노의 표현입니다. 단순히 날씨의 징조로 보여주는 것이 아닙니다. 그러므로 번개를 보고 큰 우뢰 소리를 들을 때 사람들은 두려운 마음을 갖는 것이며 따라서 환난 기간 내내 이러한 하늘의 징조와 지진, 우박은 꾸준히 수시로 있을 것으로 여겨집니다. 번개와 천둥과 지진과 우박이 있을 때 하나님을 두려워하는 마음으로 회개해야 할 것입니다. 하나님을 두려워하는 것이 지혜의 근본이며 가장 큰 지혜는 자신의 영혼이 구원받는 지혜입니다.

69
후반 삼 년 반의 환난을 극복하라

1) 짐승의 표를 받지 말라

적그리스도가 두 증인을 죽이고 본격적으로 세상을 핍박하는 것이 후반 3년 반 환난의 핵심입니다. 이 때에는 이미 적그리스도는 일인 독재 체제를 구축하였고 전 세계를 다스릴 조직도 갖추었을 것입니다. 자신의 권세 위에 있던 두 증인도 이미 죽었습니다. 전 세계적으로 혹독한 탄압과 살상이 자행될 것입니다. 적그리스도의 만행은 히틀러가 유대인들을 죽인 것 보다 더 잔인할 것이며 스탈린이 기독교인을 학살한 것보다 더 참혹할 것입니다. 이때야 말로 성도들의 믿음과 인내가 시험을 받게 될 것입니다.

이 때에 핍박 받는 기준은 하나입니다. 그것은 짐승의 표입니다. 이 표를 받으면 굶지 않고 맞지도 않고 옥에 갇히지도 않고 죽임 당하지도 않습니다. 그러나 죽은 후 그 영혼은 지옥으로 가는 것입니다. 반대로 이 표를 받지 않으면 굶고 맞고 옥에 갇히고 목베임 당하게 됩니다. 그러나 그 영혼은 천국을 가는 것입니다. 믿는 자들은 이 두 가지의 선택만 있습니다. 믿는 사람들은 당연히 목베임 당하는 선택을 할 것처럼 여겨지지만 성경은 그렇지 않은 것을 보여줍니다.

"짐승이 입을 벌려 하나님을 향하여 비방하되 그의 이름과 그의 장막 곧 하늘에 사는 자들을 비방하더라" "또 권세를 받아 성도들과 싸워 이기게 되고 각 족속과 백성과 방언과 나라를 다스리는 권세를 받으니" (계 13:6-7).

여기서 짐승이 성도들과 싸워서 이기게 된다는 것은 성도들이 핍박을 견디지 못하거나 미혹 당하여 짐승의 표를 받게 된다는 것을 의미하는 것입니다. 성도들이 짐승의 표를 받고 살아 남았다면 그것은 진 것입니다. 성도들은 표를 받지 않음으로 죽임을 당해야 이기는 것입니다. 즉 이 구절의 말씀은 많은 믿는 자들이 짐승의 표를 받게 되는 것을 보여주는 것입니다.

이러한 환난의 때에는 짐승의 표를 받아 우선 녁을 짓을 시고 나중에 회개하자는 미혹이 있을 것입니다. 우선 표를 받고 나중에 도로 꺼집어 내면 될 것이라며 속이는 사람도 있을 것입니다. 주변의 교인들이 받으면 군중 심리로 쫓아갈 수도 있습니다. 그러나 이 표는 한번 받으면 끝나는 것입니다. 영원히 구원 받지 못하고 유황불로 떨어지는 것입니다. 그러니 절대로 받지 마십시오.

"또 다른 천사 곧 셋째가 그 뒤를 따라 큰 음성으로 이르되 만일 누구 든지 짐승과 그의 우상에게 경배하고 이마에나 손에 표를 받으면" "그도 하나님의 진노의 포도주를 마시리니 그 진노의 잔에 섞인 것이 없이 부은 포도주라 거룩한 천사들 앞과 어린 양 앞에서 불과 유황으 로 고난을 받으리니" "그 고난의 연기가 세세토록 올라가리로다 짐 승과 그의 우상에게 경배하고 그의 이름 표를 받는 자는 누구든지 밤 낮 쉼을 얻지 못하리라 하더라" (계 14:9-11).

짐승의 표를 받지 말 것에 대하여는 이미 자세히 다룬 적이 있지만 워낙 중요하므로 반복하여 강조하는 것입니다. 이 표를 받으면 불과 유황으로 밤낮 쉬지 않고 고난을 받으나 표를 받지 않고 주 안에서 죽는 자는 복이 있습니다.

2) 첫째 대접

"네 생물 중의 하나가 영원토록 살아 계신 하나님의 진노를 가득히
담은 금 대접 일곱을 그 일곱 천사들에게 주니" (계 15:7).

대접의 재앙은 마지막 재앙입니다. 다른 재앙의 종류에는 진
노를 담았다는 표현이 없고 오직 대접 심판에만 하나님의 진노
에 대한 표현을 하고 있습니다. 즉 하나님의 진노가 가장 많이
담겨있는 심판이 대접 재앙인 것입니다.

"첫째 천사가 가서 그 대접을 땅에 쏟으매 짐승의 표를 받은 사람들
과 그 우상에게 경배하는 자들에게 악하고 독한 종기가 나더라" (계
16:2).

짐승의 표를 받은 사람들과 그 우상에게 경배하는 자들에게
악성 종기가 나는 재앙입니다. 이 재앙은 구원받은 사람들에게
는 해당이 되지 않습니다. 짐승의 표를 받은 사람들은 죽어서도
그 영혼이 지옥에서 고통을 받겠지만 살아 있는 동안에도 이처
럼 고난을 받게됩니다. 고통이 두려워 표를 받은 자들이 결국은
더 큰 고통을 받게되는 것이니 이들은 참으로 어리석은 것입니

다. 여러분 중에는 아무도 이러한 사람이 없어야 할 것입니다.

3) 둘째 대접

"둘째 천사가 그 대접을 바다에 쏟으매 바다가 곧 죽은 자의 피 같이
되니 바다 가운데 모든 생물이 죽더라"(계 16:3).

바다가 죽은 자의 피처럼 되고 바다의 생물이 모두 죽습니다.
나팔 심판 때에는 삼분의 일만 피로 변하였고 생물의 삼분의 일
만 죽었는데 이번에는 모든 바다의 물이 피가 되고 모든 생물이
죽는 것입니다. 심판의 정도가 점점 강해지는 것을 보여주는 것
입니다. 구원을 위하여 환난 기간 중에 계속하여 바다는 멀리해
야 겠습니다. 원래 바다는 사탄의 세력을 상징합니다. 그러므로
천국에는 바다가 없는 것입니다.

4) 셋째 대접

"셋째 천사가 그 대접을 강과 물 근원에 쏟으매 피가 되더라"(계 16:4).

강과 물 근원이 모두 피가 됩니다. 이처럼 바다와 모든 물이
피로 변한 것은 적그리스도 세력들에게 피를 마시게 하기 위한
것입니다. 그 이유는 이들이 성도들과 선지자들의 피를 많이 흘

렸기 때문입니다. 피에는 피로 보응을 하는 것입니다. 둘째 대접과 셋째 대접의 재앙도 적그리스도 세력들에게 겨냥되어 있다고 할 수 있습니다.

그러나 이 때에도 구원받은 자들이 땅에 존재합니다. 이들은 첫째 대접의 재앙이 올 때 그 다음에는 물이 피로 변하는 재앙이 오는 것을 미리 알고 물을 준비해야 할 것입니다. 물이 피로 변해 있는 기간이 얼마일지 모르지만 당분간 마실 물을 충분히 준비할 필요가 있습니다. 짐승의 표를 받지도 않고 짐승에게 경배하지 않았음에도 살아 남은 자들은 하나님께서 피를 마시지 않을 길을 열어 줄 것입니다. 물도 준비하면서 하나님께 살 길도 간구해야 할 것입니다.

5) 넷째 대접

"넷째 천사가 그 대접을 해에 쏟으매 해가 권세를 받아 불로 사람을 태우니" "사람들이 크게 태움에 태워진지라 이 재앙들을 행하는 권세를 가지신 하나님의 이름을 비방하며 또 회개하지 아니하고 주께 영광을 돌리지 아니하더라" (계 16:8-9).

햇볕으로 사람을 태우는 재앙입니다. 해가 너무 뜨거워 사람들이 화상을 크게 입을 정도입니다. 화상으로 인한 통증은 신체의 고통 중에서도 가장 괴로운 것 중에 하나입니다. 고통이 너무 심하므로 사람들이 하나님을 비방합니다. 그러나 여러분은 혹시 이러한 고통 가운데 처하더라도 하나님께 감사와 찬양만 하고 원망하지 않아야 합니다. 또한 계속 회개해야 합니다. 회개는 하지 않고 하나님을 원망하다 광야에서 잎드리긴 이스라엘 백성들처럼 되지 않아야 합니다.

6) 다섯째 대접

"또 다섯째 천사가 그 대접을 짐승의 왕좌에 쏟으니 그 나라가 곧 어두워지며 사람들이 아파서 자기 혀를 깨물고" "아픈 것과 종기로 말미암아 하늘의 하나님을 비방하고 그들의 행위를 회개하지 아니하더라"(계 16:10-11).

적그리스도의 나라가 어두워지고 사람들이 혀를 깨물 정도로 아픈 고통을 당합니다. 짐승의 표를 받은 사람에게만 내리는 재앙인지 다른 사람들도 공통적으로 당하는 재앙인지는 모르나 너무 고통스러워 하나님을 비방합니다. 혹시 여러분들이 짐승의 표를 받지 않고 살아 남아 있는 상황에서 이러한 재앙을 당한다면 다시 당부합니다만 회개하고 하나님을 원망하거나 비방하지 말아야 합니다. 끝까지 인내하여 살아 남으면 천년왕국의 백성으로 구원받을 수 있습니다.

7) 여섯째 대접

"또 여섯째 천사가 그 대접을 큰 강 유브라데에 쏟으매 강물이 말라서 동방에서 오는 왕들의 길이 예비되었더라" (계 16:12).

유브라데 강이 마르는 재앙입니다. 유브라데 강을 말리는 이유는 적그리스도의 왕들을 모으기 위한 것입니다. 이 강은 중동 지역을 남북으로 가르며 흐르는 강인데 이 강이 말라야 군대들이 이스라엘로 들어오는 것이 용이합니다. 이들은 이스라엘의 아마겟돈에 모이게 되며 예수께서 오시어 진멸할 것입니다. 혹시 유브라데 강가에 사는 사람들은 강이 말랐다고 불평하거나 물이 다시 흐르도록 간구하지 마십시오. 물고기와 식수가 부족하더라도 인내하고 적들이 망하는 길이 만들어진 것이니 기뻐하기 바랍니다.

8) 일곱째 대접

"일곱째 천사가 그 대접을 공중에 쏟으매 큰 음성이 성전에서 보좌로부터 나서 이르되 되었다 하시니" "번개와 음성들과 우렛소리가 있고 또 큰 지진이 있어 얼마나 큰지 사람이 땅에 있어 온 이래로 이같이 큰 지진이 없었더라" (계 16:17-18).

번개와 천둥과 큰 지진과 우박의 재앙입니다. 가장 자주 등장하는 재앙입니다. 그런데 이번의 지진은 사람이 땅에 있어 온 이래로 가장 큰 지진입니다. 모든 산과 섬이 없어지는 지진입니다. 모든 도시가 다 무너지는 지진입니다. 오십 킬로그램 짜리 우박이 떨어집니다. 온 세상이 초토화 되고 황폐화 되는 것입니다. 하나님의 맹렬한 진노가 마지막으로 부어지는 것이며 이것으로 모든 심판이 종결을 짓게 됩니다.

다시 한번 말씀드립니다. 이 때까지도 표를 받지 않고 살아 남았다면 이러한 재앙으로 인해 하나님을 원망하거나 불평하지 마십시오. 원망하면 죽는 것입니다. 계속 재앙을 받는 것은 죄를 보응받기 위한 것입니다. 하나님께서는 영혼은 구원하더라도 그 죄 값은 반드시 치르게 합니다. 그것이 하나님의 공의인 것입니다. 그러니 계속 회개하고 끝까지 원망의 죄를 짓지 말아야 할 것입니다. 이것이 마지막 심판이니 이것만 잘 견디면 곧 주님을 보게 되고 구원을 받는 것입니다.

70
환난 준비의 맺음 말

이상으로 환난을 기간별로 나누어 살펴 보았으며 동시에 환난 가운데도 살아 남거나 구원받을 수 있는 지혜에 대하여도 나누었습니다. 이러한 나눔이 들림받지 못하고 남겨진 사람들에게는 분명히 유익할 것입니다. 그러나 남겨진 자들에게 주는 이 책의 유익이 여러분에게는 필요 없게 되기를 바랍니다. 즉 여러분은 반드시 휴거되어야 할 것입니다.

그러기 위하여 여러분은 이제부터 삶의 방식을 많이 교정해야 할지도 모릅니다. 믿음 생활에 근본적인 변화가 있어야 할지도 모릅니다. 미지근한지를 점검하고 더 뜨거워져야 할 것입니다. 왜냐하면 성경은 구하여도 들어가지 못하는 자가 많다고 말씀하기 때문입니다. 왜냐하면 성경은 주여 주여 하는 자마다 다 천국에 들어 갈 것이 아니요 하늘에 계신 아버지의 뜻 대로 행하는 자라야 들어간다고 말씀하기 때문입니다. 그러니 지금 회개하고 말씀과 기도와 금식과 구제와 전도와 거룩한 삶을 사는데 온 마음을 쏟아야 할 것입니다.

Revelation's
Secrets

VII
요한계시록의 실제 인물

71
지금 존재하는 계시록의 인물들

요한계시록에는 다섯 명의 주요 인물이 등장합니다. 둘은 선하고 셋은 악합니다. 선한 두 사람은 두 증인이고 악한 셋은 첫째 짐승인 적그리스도와 둘째 짐승인 거짓 선지자와 음녀인 교황입니다. 또한 다섯 명의 주요 인물 외에 일곱 머리 열 뿔도 등장합니다. 이 다섯 인물과 일곱 머리는 지금 세상에 존재할지 모릅니다. 왜냐하면 때가 가깝기 때문입니다. 때가 가깝다 함은 주님께서 말씀한 마지막 때의 징조가 다 이루어졌다는 의미입니다.

주님께서 마태복음 24장을 통하여 말씀한 세상 끝의 징조는 많은 사람이 미혹을 하고 난리와 난리에 대한 소문이 있고 곳곳에 기근과 지진이 발생하는 것입니다. 이러한 일은 이미 온 세상에서 벌어지고 있으며 실제로 목격하고 경함하고 있습니다. 그러니 주의 재림과 세상 끝이 가까운 것입니다.

주님께서 말씀한 징조 외에도 두 가지의 큰 징조가 이루어졌습니다. 하나는 짐승의 표가 이미 나왔다는 사실입니다. 또 다른 징조는 인류의 삼분의 일을 죽일 수 있는 핵무기가 준비되어 있으며 핵전쟁의 긴장이 상존하고 있다는 것입니다. 그러니 주님은 지금 여러분이 이 책을 읽고 있는 순간에도 올 수 있습니다. 이러한 휴거의 임박성을 전제하면 계시록의 인물들도 현재 존재할 수 있다는 가정은 설득력이 있는 것입니다. .

지금부터 다루는 것의 많은 부분은 성경을 해석하는 것이 아닙니다. 다만 성경적인 근거를 인용하고 현실적인 상황과 사람들이 받았다고 하는 예언들을 참고하여 풀어 본 것입니다. 그러므로 이전까지 요한계시록을 설명한 것처럼 전체를 신리로 믿지는 말고 각자의 영감으로 조명해 보고 스스로 판단하기 바랍니다. 그러나 근거 없는 이야기가 아니므로 어느 정도의 유익은 있을 것이니 한편으로 마음에 새기는 것도 나쁘지 않을 것입니다.

72
첫째 짐승 적그리스도

북방 왕 즉 러시아의 왕이 적그리스도인 것은 이미 배워 알고 있습니다. 지금 러시아의 실권자이며 대통령은 블라디미르 푸틴입니다. 이 사람은 1999년 12월 31일에 러시아의 실권자가 되었습니다. 그 당시 대통령이던 옐친이 권력을 넘겨준 것입니다. 정식 대통령 선거는 수 개월 후에 치러졌지만 실제로는 이미 대통령이 된 것입니다. 푸틴은 대통령이 되기 전에 약 일 년간 러시아 비밀경찰인 KGB의 의장을 지냈습니다. 이때 이미 옐친은 푸틴을 후계자로 점을 찍은 것입니다.

푸틴은 그동안 두 번의 대통령과 한 번의 수상을 이미 역임했으며 지금은 세 번째로 대통령직을 수행하고 있습니다. 전 세계를 통틀어 가장 오랫 동안 대통령과 수상직을 유지하고 있는 것입니다. 푸틴은 이십 년째 러시아의 왕처럼 군림하며 러시아를 경제적으로 군사적으로 강하게 하였습니다. 리더쉽도 인정을 받아 국민들로부터 상당한 지지를 받고 있습니다. 그러므로 네 차례나 대통령과 수상으로 선출된 것입니다. 그리고 민주주의와 자본주의의 체제를 많이 받아들여 정치를 하고 있으므로 세계적으로도 그의 평가가 나쁘지 않습니다.

이 사람의 사생활이나 젊었을 때의 경력은 별로 알려져 있지 않습니다. 다만 청소년 때부터 야심이 있어 KGB에 들어갈 목표를 세웠고 그 꿈을 이루었다는 기록이 있습니다. 또한 잘 알려져 있지 않은 사실이지만 푸틴의 어머니는 유대인입니다. 외할아버지도 유대인이며 그의 이름은 모르드개입니다. 유대인은 어머니가 유대인이면 유대인의 신분과 정체성을 인정받습니다. 그러나 유대인들 중에는 자신이 유대인인 것을 드러내지 않으려는 사람들이 많습니다. 그 이유는 유대인에 대한 차별을 피하고 이방 땅에서 성공하려면 유대인 신분을 감추는 것이 유리하기 때문입니다. 이처럼 자신이 유대인인 것을 숨기는 사람들을 크립토 쥬라고 부르는데 이 말은 감추는 유대인이라는 의미입니다. 푸틴도 그 중에 한 사람인 것입니다.

그렇다면 핵으로 전 세계를 정복하는 북방 왕이 적그리스도이고 적그리스도는 유대인 단 지파에서 나온다고 풀은 예언의 말씀을 적용하면 푸틴은 그 카테고리에 들어 맞는 인물인 것입니다. 그러나 푸틴도 하나님께서 그 영혼을 오늘이라도 불러 갈 수 있다고 보면 푸틴이 아닌 다음 권력자가 적그리스도가 될 수도 있지만 지금 존재하는 인물을 가정하여 분석한다면 러시아의 현 대통령 블라디미르 푸틴이 적그리스도인 것입니다.

73
둘째 짐승 거짓 선지자

지금 세상에 알려진 적그리스도 후보 일위는 오바마입니다. 오바마를 적그리스도로 예언을 받았다는 사람들은 실제로 매우 많습니다. 그러나 오바마는 적그리스도를 보필하는 거짓 선지자일 가능성은 있지만 적그리스도는 아닙니다. 오바마가 사람들을 수용소에 집어 넣고 단두대를 세우고 군인을 동원하고 핍박하는 것을 꿈으로 본 사람들이 많이 있습니다.

계시록을 보면 사람들을 실제로 잡아 넣고 죽이는 일은 모두 거짓 선지자가 수행합니다. 적그리스도는 군림만 하고 실제 행동 대장의 역할은 거짓 선지자가 하는 것입니다. 그렇다면 오바마가 핍박하는 꿈을 본 사람들은 오바마가 거짓 선지자 역할을 한 것을 본 것입니다. 즉 이 사람들이 받은 꿈들은 신뢰할만한 것인데 성경 해석을 정확하게 하지 못한 경우라고 볼 수 있습니다.

실제로 오바마를 거짓 선지자로 예언의 꿈을 받은 사람도 있습니다. 이 사람은 주님께서 오바마는 적그리스도가 아니라 그를 돕는 거짓 선지자라고 꿈을 통하여 말씀하였다고 합니다. 또 다른 한 사람은 오바마와 푸틴이 강의실 같은데서 함께 공부하고 서로 상의하는 것을 꿈에서 보았는데 그 강의실이 있는 곳은 미국이었다고 합니다. 이 꿈이 예언적일 가능성을 배제할 수 없습니다.

여기서 현실적으로 마지막 때에 벌어질 일을 가정하여 생각해 보면 오바마가 거짓 선지자가 될 가능성은 충분히 있습니다. 간략히 시나리오를 만들어 보겠습니다. 지금 핵 전쟁으로 미국이 러시아에게 패하면 현 미국 대통령은 항복을 한 후 처형되거나 권력을 잃을 것입니다. 아니면 도피나 망명을 할것입니다. 다시 말하면 현직 미국 대통령이 패전하였다고 즉시로 러시아의 하수인 역할을 할 가능성은 크지 않을 것이라는 의미입니다. 또한 트럼프는 평생 적그리스도 세력과 반대되는 성향과 믿음을 가진 사람이기 때문에 그럴 가능성은 더욱 작은 것입니다. 그렇다면 러시아는 미국을 다스릴 대리자를 세워야 할 것인데 오바마만한 적임자가 없을 것입니다.

우선 오바마는 기독교를 미워하는 적그리스도의 영을 갖고 있을 뿐더러 페마 캠프 건설, 단두대 수입등을 직접 지휘하였고 세계정부를 준비해 온 사람입니다. 그러니 적그리스도의 오른 팔역할을 할 적임자가 될 수 있는 것입니다. 그렇게 된다면 인류의 목베임을 집행하는 책임자는 오바마가 될 것이며 이 사람이 거

짓 선지자가 되는 것입니다. 오바마가 백악관에 있을 때에 대환
난이 진행되는 것을 꿈으로 받은 사람들도 많은데 그 꿈들도 이
시나리오에 적용을 하면 틀린 것이 아닙니다. 왜냐하면 적그리스
도가 다시 오바마를 백악관으로 부를 수 있기 때문입니다.

　많은 사람들이 거짓 선지자는 종교인일 것으로 예상을 합니
다. 왜냐하면 그 명칭이 거짓 선지자이기 때문입니다. 그러다 보
니 교황이 거짓 선지자라고 많은 사람들이 판단을 하는 것입니
다. 또는 기독교 지도자 중에 배도하는 자가 나와서 거짓 선지지
가 될 것이라고 추측도 합니다. 물론 그럴 가능성이 있습니다.
그렇다면 자가용 비행기를 타고 다니는 희대의 삯꾼 베니힌이 거
짓 선지자일까요? 아니면 번영복음으로 영혼을 사냥하는 조엘
오스틴일까요?

　거짓 선지자의 역할을 보면 그는 종교인일 가능성 보다는 오
히려 정치인일 가능성이 큽니다. 왜냐하면 죽이고 잡아가는 일
이 주 역할이기 때문입니다. 이 일에 적합한 자는 세계적으로 아
무리 인물을 연구해 보아도 오바마만한 적임자가 없습니다. 이
사람은 무슬림으로 반기독교인의 정서와 영을 가진 자입니다.
또한 오바마는 게이입니다. 그의 부인 미쉘 오바마는 성전환 수
술로 여자가 된 사람입니다. 원래의 이름은 미쉘이 아니라 마이
클입니다. 게이로 사귀다가 결혼을 하려고 성전환 수술을 한 것
으로 추정됩니다. 딸 둘은 모두 입양한 것입니다. 오바마는 미국
최초의 게이 대통령인 것입니다. 오바마가 동성연애자라는 사실

이 거짓 선지자일 가능성을 더 높여주고 있다고 할 수 있습니다.

74
큰 음녀

로만 가톨릭은 사도 베드로를 초대 교황으로 명부에 올려 놓았습니다. 그리고 계속하여 비중 있는 성직자들을 임의로 정하여 후임 교황들이라고 명단을 만들어 놓았습니다. 이들이 이렇게 한 이유는 교황의 권위가 베드로부터 계속 위임되어 왔다는 것을 거짓으로 증거하기 위한 것이었습니다. 그러나 로만 가톨릭은 BC 313년에 로마 황제 콘스탄틴이 자신의 통치 목적으로 기독교를 이용하기 위하여 기독교를 자유화하고 성경적이지 않은 기독교 통치 규정을 만들기 시작한 것이 그 시초입니다.

천주교가 여러 예수의 제자들 중에서 베드로를 초대 교황으로 지정한 것에는 이유가 있습니다. 그것은 사람들을 미혹하기 좋은 성경 구절을 발견하였기 때문입니다.

"또 내가 네게 이르노니 너는 베드로라 내가 이 반석 위에 내 교회를 세우리니 음부의 권세가 이기지 못하리라" "내가 천국 열쇠를 네게 주리니 네가 땅에서 무엇이든지 매면 하늘에서도 매일 것이요 네가 땅에서 무엇이든지 풀면 하늘에서도 풀리리라 하시고"(마 16:18-19).

천주교는 이 구절을 예수께서 베드로에게만 천국 문의 열쇠를 주었고 베드로만 사람들을 천국에도 보내고 지옥에도 보낼 수 있는 권세를 가진듯이 해석을 합니다. 그리하여 베드로를 초대 교황으로 만들고 그의 권위를 이어받은 교황들만 이같은 권위를 행사할 수 있다고 가르치는 것입니다. 그러나 이 말씀은 베드로에게만 적용되는 말씀이 아닙니다. 다른 제자들에게도 한 말씀이며 믿는 모든 자들에게 해당하는 말씀입니다. 마태복음 18장 18절을 보겠습니다.

"진실로 너희에게 이르노니 무엇이든지 너희가 땅에서 매면 하늘에서도 매일 것이요 무엇이든지 땅에서 풀면 하늘에서도 풀리리라" (마 18:18).

이 말씀은 모든 제자들에게 한 것입니다. 다음은 요한복음 20장 23절을 보겠습니다.

"너희가 누구의 죄든지 사하면 사하여질 것이요 누구의 죄든지 그대로 두면 그대로 있으리라 하시니라" (요 20:23).

이 말씀은 모인 회중들에게 한 것입니다. 즉 이 말씀은 모든 믿는 자들에게 해당하는 말씀입니다. 이 말씀은 땅에서 무엇이든지 매면 하늘에서도 매일 것이요 땅에서 무엇이든지 풀면 하늘에서도 풀리리라고 베드로에게 한 말씀과 같은 의미입니다. 이처럼 모든 믿는 자들에게 준 말씀 즉 교회에게 준 말씀을 마치 베드로에게만 준 말씀으로 왜곡하여 성경을 해석하고 교리로 만든 것을 볼 때 로만 가톨릭이 미혹의 종교인 것을 다시 확인할 수 있는 것입니다.

지금까지 교황이라는 직위가 어떻게 세상에 나오게 되고 교황들이 스스로 하나님 행세를 하는 배경을 성경적으로 설명을 하였습니다. 로만 가톨릭은 이러한 왜곡된 성경 해석 위에 세워진 견고한 큰 성 바벨론이며 음녀인 것입니다. 계시록 17장에 나오는 큰 음녀가 교황인 것과 그들의 죄에 대하여는 이미 공부한 적이 있습니다. 이제부터는 마지막 때를 장식할 실제 교황에 대하여 살펴보겠습니다.

현직 교황의 이름은 프란시스입니다. 이 사람은 다른 교황들과 다른 것이 세 가지 있습니다. 첫째는 유일하게 예수회 의장 출신 교황입니다. 예수회는 로만 가톨릭의 비밀스러운 일을 은밀하게 행하는 단체입니다. 이들의 일은 어두움 가운데 진행되므로 예수회 의장을 밤의 교황이라는 별칭으로 부르기도 합니다. 이러한 밤의 교황이 이제 낮의 교황이 된 것입니다. 즉 이 사람은 실권을 가진 교황이라는 의미입니다.

둘째로, 이 사람은 로만 가톨릭의 전통을 깨고 전임자가 사임한 후에 임명된 교황입니다. 교황직은 종신입니다. 그런데 전임 교황은 건강을 이유로 임명된지 팔 년만인 2013년에 사임하였습니다. 아파도 죽을 때 까지 재직하는 전통이 지켜지지 않은 것입니다.

셋째로, 이 교황은 로만 가톨릭이 견지하던 천주교에만 구원이 있다는 교리를 강조하지 않습니다. 그 대신에 모든 종교에 구원이 있다는 다원주의를 퍼트리고 있습니다. 그렇게 하는 이유는 종교를 하나로 통합하기 위한 것입니다. 기독교를 하나로 묶는 단체인 WCC를 실제로 통제하는 곳도 로만 가톨릭입니다. 기독교를 하나로 통합하려는 이유는 나중에 천주교와 합하고 그 후에는 모든 종교와 하나로 묶으려는 것입니다.

프란시스 현 교황이 다른 교황들과 다른 점을 종합하면 이 사람은 예수회 의장 출신으로 전임 교황도 해임한 바티칸의 실권자라는 사실과 종교 통합을 주도적으로 하는 적그리스도 세력이라는 것입니다. 이 사람은 정치 경제를 통합하려는 또 다른 적그리스도 세력과 협력을 하고 있으며 이는 음녀가 짐승을 타고 있는 말씀이 응하는 것입니다. 즉 이 사람은 마지막 때를 장식할 음녀 교황일 가능성이 매우 높은 것입니다. 이 사람도 하나님께서 오늘이라도 불러가면 다른 교황이 선출 될 것이지만 지금은 현재 생존하는 사람을 전제로 예측을 하는 것이므로 적그리스도에게 벌거벗겨 죽임을 당할 음녀는 현직 교황 프란시스입니다.

이 사람이 예수회 의장 출신이라는 사실도 이 사람의 어떠함을 말해줍니다. 예수회는 1500년대 종교혁명으로 로만 가톨릭이 흔들리자 자신의 반대 세력들을 제압할 목적으로 만든 단체입니다. 이들이 과거 사백여 년 동안 행한 악은 책으로도 소개되어 있습니다. 예수회의 정체성은 지금도 변하지 않았습니다. 그렇다면 이 단체의 의장을 역임한 프란시스의 감추어진 행악은 쉽게 상상을 할 수 있는 것입니다. 이러한 사실이 프란시스가 마지막 교황일 개연성을 더 높여준다고 할 수 있습니다.

이 사람은 2013년에 266대 교황으로 취임하였습니다. 그의 취임 대수에는 불완전 수 6이 두 개나 들어갑니다. 불완전 수 6이 세개 모이면 완벽하게 불완전한 멸망의 수가 됩니다. 그러므로 짐승의 수가 666인 것입니다. 그렇다면 불완전 수 두 개가 모인 266은 어떻겠습니까? 숫자에서도 영감을 받을 수 있습니다. 이러한 모든 것을 종합해 볼 때 프란시스 현 교황이 멸망 직전의 큰 음녀이며 마지막 교황일 가능성은 매우 높은 것입니다.

75
두 증인

두 증인에 대한 예언이나 꿈을 받았다는 말은 별로 전해지지 않습니다. 하나님께서 깊이 감추어 놓은 듯합니다. 그럼에도 불구하고 내가 받은 두 증인에 대한 영감을 나누지 않을 수 없습니다. 그 중에 한 사람은 현직 이스라엘 수상인 벤자민 네타냐후입니다. 네타냐후 수상에게는 하나님께서 들어 쓰시고 있다는 감동을 받을 만한 몇가지 사인들이 있습니다. 그것들에 대하여 나누어 보겠습니다.

첫째로 네타냐후는 하나님을 믿고 의지하는 사람입니다. 이스라엘의 초내 수상 벤 구리온을 제외하고 정치적인 연설에서 하나님을 언급하고 성경을 인용하는 유일한 이스라엘 수상입니다. 2014년에 유엔에서 행한 연설에서는 이사야서 62장 1절 말씀으로 끝을 맺었습니다.

"나는 시온의 의가 빛 같이, 예루살렘의 구원이 횃불 같이 나타나도록 시온을 위하여 잠잠하지 아니하며 예루살렘을 위하여 쉬지 아니할 것인즉" (사 62:1).

네타냐후가 정치 연설에 이러한 말씀을 인용했다는 사실은 감동적인 사건이 아닐 수 없습니다. 감동을 받는 이유는 미국이나 유엔에서 계속적으로 이스라엘에게 불리한 결정들을 내려 위축될 수 밖에 없는 상황에서 이스라엘의 하나님께서 잠잠하지 않고 도울 것이라는 자신감을 이 성경 구절을 인용하며 보여주었기 때문입니다.

실제로 네타냐후의 언행을 보면 항상 자신감에 차 있으며 이 자신감은 하나님을 믿는 믿음에서 나온다는 것을 느낄 수 있습니다. 네타냐후는 우방을 의지하지도 유엔을 의지하지도 무기를 의지하지도 않습니다. 네타냐후는 시온을 위하여, 예루살렘을 위하여 잠잠하지도 않고 쉬지도 않는 이스라엘의 하나님만 의지하는 사람입니다.

둘째로, 네타냐후는 성경 말씀을 정치에 적용합니다. 이스라엘의 영토에 대하여 타협을 하지 않는 배경에도 하나님께서 주신 땅이므로 팔레스타인들과 나눌 수 없다는 믿음이 있기 때문입니다. 정치적인 목적을 떠나 하나님의 말씀에 어긋나므로 그렇게 하지 않는 것입니다. 이러한 그의 완고함 때문에 이스라엘 내에서도 그를 반대하는 사람들이 많이 있습니다.

그러나 네타냐후는 사람들의 평판에 개의치 않습니다. 역대의 이스라엘 수상들 중에도 정치를 성경 말씀대로 하지 않는 자들 특별히 팔레스타인들과의 영토 타협을 하려던 수상들을 하나님께서 제하거나 병들게 한 예들이 종종 있습니다. 그러나 네타냐후는 성경 말씀대로 행하며 정치하는 사람입니다. 그래서인지 하나님께서 네타냐후를 이스라엘의 수상으로 네 차례나 들어 쓰고 있습니다.

셋째로, 네타냐후는 역대 수상들 중에 유일하게 이스라엘에서 탄생하였습니다. 지금까지 이스라엘은 열두 명의 수상이 있었는데 네타냐후를 제외한 모든 사람들은 외국에서 출생하였습니다. 네타냐후는 1949년생으로 이스라엘이 독립한 1948년 다음 해에 텔아비브에서 태어났습니다. 부모를 따라 미국을 자주 다녔으며 미국 펜실바니아 주의 필라델피아에서 고등학교를 졸업하였고 그 후에는 MIT에서 학사와 석사과정을 마쳤습니다. 그리하여 이 사람은 영어와 히브리어를 모두 능통하게 말합니다. 1967년 육일전쟁 때에는 초급 장교로 전쟁에 참여하였으며1973년의 제삼차 중동 전쟁 때에도 특수 임무를 맡아 참전한 경력이 있습니다.

넷째로, 네타냐후는 성경에 능통합니다. 그의 아들 아브너 네타냐후는 2010년 전국에서 일만 이천 명이 참여한 성경 경시대회에서 일등을 하였는데 그의 아들의 성경을 가르친 사람은 바로 그의 아버지 네타냐후였습니다. 얼마 전에는 네타냐후가 예수님의 예화를 소개한 적이 있는데 이것은 제가 아는 한 처음으로 네타냐후가 공개적으로 예수에 대하여 언급한 것으로 그 의미가 깊습니다. 네타냐후는 예수께서 환전상들의 테이블을 엎은 그 성전이 바로 성전산에 있었다고 말을 하였습니다. 여기서 재미있는 점이 한가지 있습니다. 그것은 네타냐후가 성전을 말하면서 예수께서 말씀을 가르치던 그 성전이 현재의 성전산에 있었다고 말하지 않았다는 사실입니다. 그렇게 표현하는 것이 더 자연스러울 것인데 굳이 환전상들의 테이블을 엎어버렸던 그 성전이라고 표현한 것에는 이유가 있어 보입니다.

그것은 지금 성전산에 위치한 이슬람의 황금돔을 엎어버리고 싶은 마음이 있음을 간접으로 표현한 것입니다. 네타냐후가 이처럼 예수님의 예화를 들어 성전산에 버티고 있는 이슬람 사원에 대한 감정을 나타낸 것은 네타냐후의 성경을 인용하는 지혜가 돋보인 것이며 동시에 네타냐후가 구약 뿐만 아니라 신약 성경에 대한 상당한 지식이 있음을 보여주는 것입니다. 네타냐후가 예수님에 대하여 언급한 것에 대한 또 한가지의 의미는 기독교인들에게 자신도 예수를 믿으니 자신을 지지하고 도와 달라는 무언의 메시지를 보낸 것입니다.

다섯째, 네타냐후는 예수를 압니다. 실제로 네타냐후가 예수를 믿는다는 영감을 받은 사람들이 많이 있으며 그러한 사람들을 만난적도 있습니다. 신약 성경을 잘 안다면 예수를 믿지 않을 수 없습니다. 또한 네타냐후는 크리스천들에게 매우 우호적입니다. 이스라엘을 지지하는 유일한 그룹은 이스라엘에 대하여 바르게 이해하는 크리스천들입니다. 이들은 이스라엘을 돕고 지지하고 이스라엘을 위하여 기도하는 사람들입니다. 네타냐후는 이러한 기독교인들이 많다는 것을 알고 있으며 그들에게 감사하는 사람입니다. 그러나 자신의 신분이 예수를 대부분 부인하는 이스라엘의 수상임을 고려하여 드러내어 말하지는 않는 것으로 보입니다.

이상으로 살펴본 것처럼 네타냐후는 역대의 다른 수상들과는 확연히 구별되는 다른 점들이 있습니다. 그것은 하나님을 철저히 믿고 의지하며 성경에 능통하고 성경 말씀대로 정치를 한다는 것입니다. 네타냐후는 유일하게 이스라엘 땅에서 태어난 예수를 믿는 이스라엘의 수상인 것입니다.

그렇다면 이러한 네타냐후 수상의 특별함이 이 사람이 두 증인 중에 하나일 수가 있다는 어떠한 근거를 제공하는 것이겠습니까? 물론 그렇지는 않습니다. 결정적인 근거를 제공하는 것은 아니지만 앞으로 보여질 성경적인 근거와 자연스럽게 조화가 되는 것을 볼 것입니다. 또 한편으로는 네타냐후가 두 증인 중에 하나일 수 있는 성경적 근거를 보완하는 효과는 있을 것입니다. 이러한 이유로 먼저 네타냐후에 대하여 몇 가지 중요한 점을 살펴본 것입니다.

요한계시록 11장에서 두 증인의 사역이 성전 건축에 대한 말씀으로 시작하는 것을 기억할 것입니다. 이 사실은 두 증인이 성전 건축과 관련이 있다는 것을 암시하는 것이고 실제로 두 증인에 의하여 성전이 건축될 것이라는 영감을 주는 것이라고 이미 배웠습니다. 그렇다면 두 번 있었던 이스라엘의 성전건축이 누구에 의하여 이루어졌는지를 살펴봄으로써 하나님께서 성전 건축 책임자의 자격에 대하여 어떻게 말씀하는지를 상고해 보겠습니다.

첫 성전은 솔로몬 왕에 의하여 지어졌습니다. 둘째 성전은 바벨론에서 돌아온 스룹바벨의 지도 아래에 지어졌습니다. 스룹바벨은 왕족입니다. 유다 왕 여호야긴의 손자입니다. 여호야긴은 유다의 마지막 왕인 시드기야의 바로 전 왕이었습니다. 그러나 여호야긴이 족보상으로는 마지막 왕입니다. 여호야긴 왕은 바벨론으로 끌려가서 삼십칠 년간의 옥살이를 한 후 풀려났지만 바벨론에서 자손들을 낳았으며 그의 아들 브다야가 낳은 아들이 스룹바벨입니다.

요한계시록이 쉽다

여기서 성전 책임자의 자격을 볼 수 있습니다. 성전은 이스라엘의 왕이나 왕족이 지어야 한다는 것입니다. 이것이 솔로몬과 스룹바벨의 공통점인 것입니다. 그렇다면 제삼 성전도 왕이 지어야 하는 것입니다. 그렇다면 현재의 이스라엘 왕 역할을 하는 사람이 누구입니까? 그 사람은 네타냐후 수상이며 네타냐후는 실제로도 유다의 왕족일 것이라는 추정도 가능한 것입니다.

지금까지는 제삼 성전이 두 증인에 의해서 건축될 것과 성전 건축의 책임자가 이스라엘의 왕이나 왕족이어야 한다는 성경적인 근거를 바탕으로 네타냐후가 두 증인 중에 하나일 가능성에 대하여 살펴보았습니다.

다음은 같은 날 같은 일을 행하는 하나님의 섭리를 적용하여 네타냐후가 마지막 때를 장식하는 이스라엘의 왕이며 또한 두 증인 중에 하나라는 것을 논증해보고자 합니다. 네타냐후 수상과 유다 마지막 족보의 왕인 여호야긴에게는 공통점이 있습니다. 이 공통점은 히브리 달력을 통하여 관찰될 수 있는데 매우 놀랄만한 것입니다. 열왕기하 25장 27절, 28절을 보겠습니다.

"유다의 왕 여호야긴이 사로잡혀 간 지 삼십칠 년 곧 바벨론의 왕 에 월므로닥이 즉위한 원년 십이 월 그 달 이십칠 일에 유다의 왕 여호 야긴을 옥에서 내놓아 그 머리를 들게 하고" "그에게 좋게 말하고 그의 지위를 바벨론에 그와 함께 있는 모든 왕의 지위보다 높이고" (왕하 25:27-28).

여호야긴 왕은 바벨론으로 끌려가 옥살이는 하였지만 하나님의 은혜를 입어 죽임을 당하지도 않고 자손도 많이 낳았으며 결국 옥에서도 놓였습니다. 단순히 감옥에서 나온 것이 아니라 바벨론 제국의 많은 왕들 중에서도 가장 높임을 받는 왕으로 세움을 받았습니다. 하나님께서 이렇게 한 이유는 이스라엘과 다윗의 후손을 불쌍히 여겨 이스라엘 왕족이 멸절되지 않을 뿐더러 명예가 회복되고 이방 중에서도 영광을 받게 하기 위한 것이었습니다.

그런데 지금 설명하려는 핵심은 여호야긴의 회복에 관한 것은 아닙니다. 지금 말씀하려는 핵심은 여호야긴 왕이 사면을 받은 날짜에 관한 것입니다. 여호야긴이 감옥에서 나온 날짜가 언제인 것이 그리 중요한 일이겠습니까? 그러나 성경은 유다의 마지막 세대 왕 여호야긴이 옥에서 놓인 날을 12월 27일이라고 말씀하고 있습니다.

네타냐후 수상은 2015년에 국회를 해산하고 수상 선거를 다시 실시하였습니다. 이것은 자신의 임기 중에 행한 것인데 그 당시 전문가들은 네타냐후가 당선 가능성이 작은데 모험을 하는 것이라고 했습니다. 네타냐후가 당선이 불확실한 임기 중 선거를 감행한 이유는 권력을 강화할 목적이 있었기 때문입니다. 그러나 이것은 정치적인 관점에서 본 것입니다.

하나님께서는 이 선거를 통하여 말씀할 것이 있었습니다. 이 선거에서 네타냐후는 예상을 깨고 수상으로 재 당선이 되었습니다. 수상 선거를 치른 날은 2015년 3월 17일이고 네타냐후가 수상으로 당선이 확정된 날은 다음 날인 3월 18일이었습니다. 네타냐후가 수상으로 당선이 발표된 이 날은 히브리 달력으로 12월 27일이며 이 날은 여호야긴 왕이 옥에서 나오고 높임을 받은 날과 같은 날입니다.

하나님께서 이 두 사건을 같은 날에 발생하도록 섭리한 것에는 두 가지 의미가 있습니다. 첫째는 네타냐후가 여호야긴 처럼 이스라엘의 마지막 왕이라는 것을 말씀한 것입니다. 둘째는 네타냐후가 모든 왕들 중에 높임을 받게 된다는 것입니다. 이 두 가지를 마지막 때의 예언과 연결을 시키면 네타냐후가 마지막 때에 모든 왕 중에 높임을 받아 세상을 다스리게 되는 것입니다. 그런데 마지막 때에 세상을 심판하며 다스리게 될 사람은 두 증인과 적그리스도 밖에 없습니다. 그러므로 네타냐후는 이스라엘의 마지막 수상이며 두 증인 중에 한 사람이어야 하는 것입니다.

같은 날 같은 의미의 일을 행하는 하나님께서 다시 한번 달력으로 말씀한 것입니다. 여호야긴이 옥에서 놓인 날과 네타냐후가 수상에 당선 된 날이 같다는 사실을 알게 되는 것과 그 의미를 이해하는 것이 간단한 일은 아닙니다. 성경 말씀과 이스라엘의 상황을 아는 지식과 그것을 연결하여 해석하는 지혜가 필요한 것입니다. 나는 성령께서 이러한 방법으로 두 증인 중의 한 사람을 알게 한 것이라는 영감을 받은 것입니다.

하나님께서는 네타냐후를 마지막에 귀하게 쓸 종으로 미리 택

정하였으므로 다른 수상들과 다르게 이스라엘 땅에 태어나게 하고 성경에 능통하게 하고 지혜와 총명도 주고 믿음과 담대함도 주어 네 번이나 수상으로 세우고 특별하게 하는 것입니다. 네타냐후는 두 증인 중에 모세가 될 것으로 여기집니다. 왜냐하면 네타냐후는 현대 이스라엘의 왕이고 모세는 왕인 예수 그리스도의 예표이기 때문입니다. 그렇다면 다른 한 증인 엘리야는 누구이겠습니까?

성경은 두 증인을 주 앞에 서 있는 두 감람나무와 두 촛대라고 말씀합니다. 이 말씀은 스가랴서에 등장하는 두 사람인 스룹바벨과 여호수아를 연상하게 합니다. 실제로 스룹바벨과 여호수아는 두 증인의 예표입니다. 스룹바벨은 왕의 역할을 하였고 여호수아는 대제사장이었습니다. 이 두 사람이 인도하여 제이 성전을 지었습니다. 그러므로 이 두 인물을 연구함으로써 다른 한 증인이 어떠한 사람이어야 하는지를 가늠해 볼 수 있습니다. 이미 살펴보았듯이 스룹바벨은 왕족이며 그 당시 이스라엘의 지도자로서 네타냐후 수상의 예표라 할 수 있습니다. 그렇다면 다른 한 증인의 예표는 대제사장 여호수아이어야 합니다.

먼저 스룹바벨과 여호수아를 두 감람나무로 세워 성전을 건축하게 한 영적인 의미를 살펴보고 다른 한 증인에 대하여 나누겠습니다. 스가랴 6장 12절, 13절을 보겠습니다.

"말하여 이르기를 만군의 여호와께서 이같이 말씀하시되 보라 싹이라 이름하는 사람이 자기 곳에서 돋아나서 여호와의 전을 건축하리라" "그가 여호와의 전을 건축하고 영광도 얻고 그 자리에 앉아서 다스릴 것이요 또 제사장이 자기 자리에 있으리니 이 둘 사이에 평화의 의논이 있으리라 하셨다 하고" (슥 6:12-13).

여기서 싹이라 이름하는 사람은 예수 그리스도입니다. 이 구절은 예수께서 오시어 성전을 직접 건축하고 왕과 제사장으로써 다스릴 것에 대한 말씀입니다. 이 구절은 왕과 제사장 두 사람이 의논하면서 다스리는 것처럼 쓰여 있는데 실제 의미는 그렇지 않습니다. 영어 성경에는 왕좌에 앉은 제사장이 평화를 의논한다고 쓰여있습니다. 이것이 바른 의미입니다. 예수님은 왕과 제사장직을 겸하는데 이 두 직위가 조화를 이룬다는 뜻입니다.

예수께서 왕과 제사장의 자격으로 통치를 할 것이므로 제이 성전을 건축하는 사람도 왕의 예표되는 사람과 제사장의 예표되는 사람을 함께 세운 것입니다. 그렇다면 제삼 성전도 왕의 모형이 될 사람과 제사장의 모형이 될 사람이 함께 해야 하는 것이며 그러기 위해서라도 마지막 때의 증인은 두 사람이어야 하는 것입니다. 왜냐하면 인간은 왕과 제사장을 겸할 수 없기 때문입니다. 그러므로 성경은 두 감람나무를 반복하여 말씀하는 것입니다. 스가랴 4장 11절에서 14절까지를 보겠습니다.

"내가 그에게 물어 이르되 등잔대 좌우의 두 감람나무는 무슨 뜻이니

이까 하고” “다시 그에게 물어 이르되 금 기름을 흘리는 두 금관 옆에 있는 이 감람나무 두 가지는 무슨 뜻이니이까 하니” “그가 내게 대답하여 이르되 네가 이것이 무엇인지 알지 못하느냐 하는지라 내가 대답하되 내 주어 알지 못하나이다 하니” “이르되 이는 기름 부음 받은 자 둘이니 온 세상의 주 앞에 서 있는 자니라 하더라” (슥 4:11-14).

여기서 두 감람나무는 기름 부은자 둘인데 이것은 그 당시 스룹바벨과 여호수아를 말한 것이며 동시에 마지막 때의 두 증인을 이중으로 예언한 말씀입니다. 이상으로 살펴 본 것처럼 두 증인 중의 한 사람은 왕의 예표로서 네타냐후 수상이라면 다른 한 사람은 제사장의 예표여야 합니다. 그렇다면 그 사람은 아마도 고대의 제사장직에 해당하는 일을 하는 주의 종이어야 할 것입니다. 즉 다른 한 증인은 현재 목사나 유대인 랍비일 가능성이 큽니다.

이스라엘의 랍비들은 신약 성경을 읽어 알고 있습니다. 그러나 받는 감동이나 받아들이는 것은 개인적으로 차이가 있을 것입니다. 그리고 예수를 믿게 되어도 쉽게 드러내지 못할 것입니다. 실제로 정통 유대인의 복장을 한 사람들이나 랍비들 중에도 예수를 믿는 사람들이 상당수 있습니다. 그렇다며 다른 한 증인은 지금 예수를 믿고 있는 유대인 랍비일 수도 있습니다. 또는 주님 오실 때 성령의 불을 받고 한 순간에 바울처럼 변할 어떤 유대교 랍비일 수도 있습니다.

다른 한 증인이 유대인이 아닐 가능성도 있지만 그럴 경우에는 현실적인 큰 문제에 봉착할 수 있습니다. 예를 들어 그 사람이 한국 사람이라면 두 증인이 심판할 동안 전 세계가 한국을 몹시 미워할 것입니다. 히틀러가 유대인에게 한 것처럼 적그리스도가 한국을 특별히 핍박하며 망하게 할지도 모릅니다. 자상한 하나님께서는 이러한 문제도 고려할 것입니다. 그러나 두 증인 모두 유대인이라면 어차피 이스라엘은 보호를 받으므로 이러한 문제는 없는 것입니다. 두 증인이 모두 유대인일 것이라는 분석을 조금 재미있는 관점으로 설명을 해보았습니다. 그러나 그 사람이 유대인이 아닐 수도 있습니다. 나머지 한 증인에 대하여는 여러분 각자가 영감을 받아보기 바랍니다.

76
일곱 머리 열 뿔

성경은 적그리스도를 일곱 머리 열 뿔을 가진 짐승으로 묘사합니다. 처음에는 열 명이 함께 다스리다가 세 명이 제거되고 일곱 명이 남음으로 그렇게 표현하는 것입니다.

"또 그것의 뿌리에는 열 뿔이 있고 그 외에 또 다른 뿔이 나오매 세 뿔이 그 앞에서 빠졌으며 그 뿔에는 눈도 있고 큰 말을 하는 입도 있고 그 모양이 그의 동류보다 커 보이더라" (단 7:20).

"네가 보던 열 뿔은 열 왕이니 아직 나라를 얻지 못하였으나 다만 짐 승과 더불어 임금처럼 한동안 권세를 받으리라" (계 17:12).

이 두 구절의 말씀을 종합하면 선반 3년 반의 환난 기간에는 적그리스도를 포함한 열 왕이 세상을 다스리다가 후반 3년 반 에는 세 왕이 제거되고 적그리스도를 포함한 일곱 왕이 세상을 다스리게 되는 것입니다.

뉴월드오더 즉 세계정부를 만들려는 세력들은 이미 1970년대 에 전 세계를 열 개의 지역으로 나누어서 통치할 계획을 세웠는 데 이것은 성경 말씀이 응한 것입니다. 다음은 세계정부를 만들 려는 사람들의 자료인데 실제로 이렇게 나누어지지 않을 수도 있지만 참고로 이들이 어떻게 세계를 열 개의 지역으로 나누었 는지 살펴보겠습니다.

1) 미국, 캐나다
2) 중남미
3) 러시아, 동유럽
4) 서유럽
5) 중국, 북한
6) 한국, 일본
7) 서남아시아
8) 중동과 북아프리카

9) 아프리카

10) 호주, 뉴질랜드, 남아프리카 공화국

이상의 열 지역에 해당하는 리더들이 세워질 것입니다. 이 때에는 핵전쟁이 끝나고 러시아와 그 동맹국들이 승리를 한 후입니다. 열 뿔은 그리스도를 대적하는 영을 가진 자들로서 크게 두 부류의 사람들이 될 것입니다. 하나는 공산주의자이고 다른 하나는 무슬림일 가능성이 큽니다. 왜냐하면 이 두 그룹이 현대 역사에서 가장 기독교인에게 적대적이기 때문입니다. 후반 3년 반 환난의 기간으로 들어가면서 세 왕이 제거되고 적그리스도를 포함한 일곱 왕이 세워집니다. 일곱 왕과 일곱 지역을 예상해보겠습니다.

1) 미국, 캐나다, 중남미, 호주, 뉴질랜드:

　　오바마 전 미국 대통령 (무슬림)

2) 러시아와 유럽: 푸틴 현 러시아 대통령 (공산주의자)

3) 중국: 시진핑 현 중국 대통령 (공산주의자)

4) 한국과 일본: 김정은 (공산주의자)

5) 서남아시아: 맘눈 후세인 파키스탄 대통령 (무슬림)

6) 중동: 하메네이 이란 지도자 (무슬림)

7) 아프리카: 에르도간 터키 대통령 (무슬림)

이 일곱 머리는 모두 공산주의자와 무슬림으로 구성되어 있습니다. 근대와 현대 역사에서 가장 기독교인을 많이 탄압하고 죽인 두 그룹입니다. 이들이 일곱 머리로서 적그리스도를 우두머리로하여 마지막 때를 다스릴 왕들입니다. 이들 중 중국, 터키, 이란, 북한, 파키스탄이 마지막 때에 러시아의 동맹군이 될 것입니다. 핵무기 보유국 아홉 나라들 중에 이스라엘을 제외한 여덟개 나라가 핵전쟁으로 3차 대전을 치르게 됩니다. 한 편은 미국, 영국, 프랑스, 인도이고 다른 한편은 러시아, 중국, 파키스탄, 북한입니다. 그러므로 이 여덟 나라의 피해가 가장 클 것입니다. 이 여덟 나라에 칼을 가진 자는 칼로 망한다는 성경 말씀이 응할 것입니다.

한국 사람들은 이 명단에 김정은이 있다는 것에 대하여 불편하거나 거부감을 가질 수도 있습니다. 그러나 이것은 단지 예측에 불과한 것이니 너무 심려하지는 마십시오. 성경에서 말씀하는 것은 아닙니다. 그러나 하나님께서 마지막 때에 가장 악한 자들을 심판의 도구로 쓴다면 김정은이 그 명단에 들어가는 것이 이상한 일은 아닐 것입니다. 그렇다면 환난 기간에 한국 사람들을 직접 핍박할 자는 바로 김정은이 될 수도 있는 것입니다. 상상도 하기 싫은 일이지만 그럴 가능성이 없는 것은 아닙니다.

푸틴과 오바마는 적그리스도와 거짓 선지자 후보로 이미 소개되었습니다. 새롭게 나타난 인물들이 다섯입니다. 중국 대통령 시진핑이 삼차 대전 때 러시아의 동맹국이 될 것은 모두가 쉽게 예상을 합니다. 공산주의는 공산주의 국가끼리 결속이 매우 잘

됩니다. 그러니 북한의 김정은도 자연스럽게 그들과 합류할 것입니다. 이란은 미국과 이스라엘의 앙숙으로 러시아와 친합니다. 이란의 핵 기술은 모두 러시아로 부터 오는 것입니다. 핵을 보유한 파키스탄은 미국과 친한 인도와 원수 사이입니다. 그러므로 파키스탄은 러시아와 가깝게 지낼 수 밖에 없습니다.

터키는 현재 나토에 속하여 공식적으로는 미국의 우방인 것처럼 보이나 그렇지 않습니다. 터키 대통령 에르도간은 러시아와 나토 사이에서 줄다리기를 하며 자국의 입지를 넓히는 중입니다. 또한 에르도간은 옛날 오스만 터키의 영광을 재현하려는 야심이 있습니다. 이 사람은 골수 무슬림이며 얼마 전에는 정적들 수만명을 한번에 체포한 적도 있는 과격한 독재자입니다. 그러므로 이 사람은 정치적으로나 정서적으로나 영적으로나 러시아와 연결되지 미국이나 나토와는 조화를 할 수 없는 자입니다. 그러니 때가 무르익으면 러시아와 연합을 할 가능성이 큽니다.

이상으로 마지막 때를 장식할 다섯 인물과 일곱 머리들에 대하여 조명을 해보았습니다. 성경적이고 현실적인 근거를 가지고 예측을 해보았으며 사람들이 받은 예언을 참고도 하였습니다. 이처럼 실제 인물을 들어 적용을 해본 것은 단순히 흥미를 위한 것이 아닙니다. 때가 매우 가까왔다는 것을 여러분에게 실감하도록 하기 위한 것이 그 목적입니다. 그러니 단순한 시나리오로 간주하지 말고 마음에 간직하되 진리로 받을 필요는 없다는 것을 다시 말씀드립니다.

Revelation's
Secrets

VIII
마침말

77. 공중에서 함께 주를 봅시다

77
공중에서 함께 주를 뵙시다

휴거와 대환난은 우리 후손의 때에나 있을 것 같은 막연한 믿음에서 이제 돌이켜야겠습니다. 어떤 교사는 이러이러한 일이 발생하기 전에는 휴거가 일어나지 않는다고 가르치기도 합니다. 그러나 그러한 가르침은 바르지 않습니다. 주님이 공중에 오시어 거룩한 신부들을 데려가는 휴거는 언제라도 지금 이 순간에도 일어날 수 있다는 것이 성경의 기본적인 가르침입니다.

적그리스도가 이미 활동을 하고 있으며 여러분은 그 불법의 비밀도 알게 되었습니다. 마지막 때의 징조들이 모두 드러나고 있습니다. 그러니 주님 올 시간은 초 읽기에 들어간 것이며 지금은 이러한 긴박성을 가지고 믿음 생활을 할 때입니다.

신부의 예복은 점도 흠도 주름도 없는 빛나고 흰 세마포이어야 합니다. 이 예복은 세상과 구별되고 온전히 거룩해지는 것을 상징하며 하나님의 계명을 지키는 일과 예수 그리스도의 증인이 되는 삶을 뜻하는 것입니다. 그렇게 하는 것이 주님 오는 길을 예비하는 것이며 하나님의 영광을 위하는 것이며 여러분이 구원받는 길입니다.

이 책을 읽는 여러분은 마지막 때를 준비하는 영적이면서도 실용적인 지혜를 얻었습니다. 그것은 성령께서 준 것인데 첫째는 휴거되기 위한 지혜이며 둘째는 남겨진 후에도 구원받는 지혜입니다. 하나님의 특별한 은혜를 입은 것이니 가능한 많은 사람들과도 나누어야 할 것입니다. 은혜는 나누면 더 커집니다. 그러니 이 책으로 전도하고 한 영혼이라도 더 주께 인도하여 하나님께 영광을 돌리십시오. 이 책은 휴거되는 사람에게도 남겨진 사람에게도 유익할 것입니다.

　이 책을 읽고 전하는 모든 분들이 그 날에 함께 공중에서 주를 보게 되기를 지금 오고 계신 우리 주 그리스도 예수의 이름으로 축복합니다.

요한계시록이 쉽다

✦ 물맷돌 선교회 소개 ✦

이 책의 독자 여러분 모두 주님 안에서 평강하시기를 기원하며 물맷돌 선교회가 인사드립니다. 아울러 저희 물맷돌 선교회를 소개할 수 있도록 귀한 지면을 허락해 주신 쉐미니 아쯔렛 출판사에 깊은 감사의 뜻을 전합니다.

I. 물맷돌 선교회는 여기에 소개하는 도서들을 읽고 감동을 받은 사람들이 한 뜻으로 모여 이 도서들을 보급하는 사역을 목적으로 설립되었습니다.

II. 저희는 이 책들이 마지막 때에 깊은 잠에 빠져 있는 한국의 교회들을 깨우고 메말라 가는 성도들의 영혼을 소생시키기 위하여 하나님께서 주신 귀한 책들이라고 믿습니다.

III. 이 책들이 실제로 한국의 교회와 성도들을 깨우고 있다는 사실은 이 책들을 읽은 많은 분들의 좋은 반응과 감동적인 간증을 통하여 그 사실이 입증되고 있습니다.

IV. 그러므로 이러한 책들을 보급하는 자체가 전도이며 영혼을 구원하는 아름다운 사역이라고 판단 되어 이 책들을 가능한 많은 사람들에게 전파하려고 합니다.

V. 책을 읽으신 후 감동이 된다면 다음과 같이 주님의 귀한 전도사역에 함께 동참해 주십시오.

첫째, 이 책들을 널리 광고하고 많은 사람들에게 추천해 주십시오.
둘째, 이 책들을 가족, 형제, 교우들에게 선물하고 전도용으로도 사용하십시오.
셋째, 물맷돌 선교회를 물질로 후원해 주십시오.

이 사역에 동참하시는 모든 분들께 감사드리며 예수 그리스도의 이름으로 축복합니다.

후원 안내

1. 물맷돌 선교회를 물질로 후원하시기 원하는 분들은 이메일 Sukkot777@gmail.com 으로 연락을 주시거나 아래 계좌로 송금해 주십시오. 후원금은 소개된 도서들을 보급하는 용도로 사용됩니다.

   신한은행 110-473-940770   이름: CHO YOUNG TAI   송금내역: 선교후원금

2. 다니엘조 목사님에게 성경 배우기를 원하는 분들은 이메일 Sukkot777@gmail.com 으로 연락을 주십시오. 수강료와 교재비는 없습니다.

✦ 보급할 도서들 ✦

지옥 가는 목사들 | 유튜브 조회수 40만을 넘긴 "한국의 대표적인 거짓 목사들"이 수록 되어 있다. 이 책은 교인들을 지옥으로 끌고가는 거짓 목사들과 천국으로 향하는 성도들의 전쟁이 마침내 시작되었음을 선포하고 있으며 아울러 성도들이 이 전쟁에서 승리할 수 있는 전략과 전술의 훌륭한 교본 역할을 하고 있다. 신학과 교리로 오염된 교단과 교회를 통렬하게 책망한다.

지옥 가는 교인들 | 주여 주여 하는 자마다 다 천국에 들어가지 못하고 하나님의 뜻대로 행하는 자만 들어간다는 예수님의 가르침을 집대성해 놓았다. 하나님의 계명을 지키지 않고 거룩한 삶을 살지 않는 자는 구원 받을 수 없다는 사실과 한 때 아무리 신실하였어도 천국에 들어가지 못할 수 있다는 사실을 성경적이면서 논리적으로 증명하고 있다. 지옥으로 향하고 있는 교인들을 천국으로 인도한다.

휴거 되는 성도들 | 휴거에 관한 모든 것이 들어있으며 독자들은 휴거에 대한 엄청난 계시로 인하여 압도될 것이다. 휴거에 대한 다른 모든 거치는 이론들을 파하고 휴거를 미혹의 수단으로 삼는 이단들을 제압하며 동시에 휴거를 가르치지 않는 거짓 목사들을 결박하고 있다. 여러분이 남겨질 교인인지 휴거 될 성도인지를 진단해준다.

요한계시록이 쉽다 | 임박한 휴거와 환난의 때를 위한 지침을 요한계시록을 매우 쉽게 풀어가며 설명한다. 기존의 계시록이 난해한 계시록, 이론적 계시록, 학문적 계시록, 희미한 계시록, 지루한 계시록이었다면 이 책은 쉬운 계시록, 실용적 계시록, 영적 계시록, 선명한 계시록, 재미있는 계시록이다. 계시록 해석의 패러다임이 전혀 새롭게 바뀌었다. 아이들도 이해하는 완벽한 계시록 자습서이다.

※ 위의 도서들은 전국의 기독교 서점들과 대형 서점들, 그리고 예스 24, 인터파크, 알라딘 등 인터넷 서점에서 구입할 수 있습니다 .

요한계시록이 쉽다 —————————————————

초판 1쇄 2018년 11월 30일
초판 2쇄 2019년 04월 30일

지은이 다니엘조
펴낸곳 쉐미니 아쯔렛 (Shemini Atzeret)
주 소 경기도 안양시 동안구 평촌동 41-6 B/201
이메일 sukkot777@gmail.com
등 록 2018. 8. 20 제2018-000081

ISBN 979-11-964731-2-9 03230

이 도서의 국립중앙도서관 출판예정도서목록(CIP)은 서지정보유통지원시스템
홈페이지(http://seoji.nl.go.kr)와 국가자료공동목록시스템(http://www.nl.go.kr/
kolisnet)에서 이용하실 수 있습니다. CIP제어번호: CIP2018037215

.